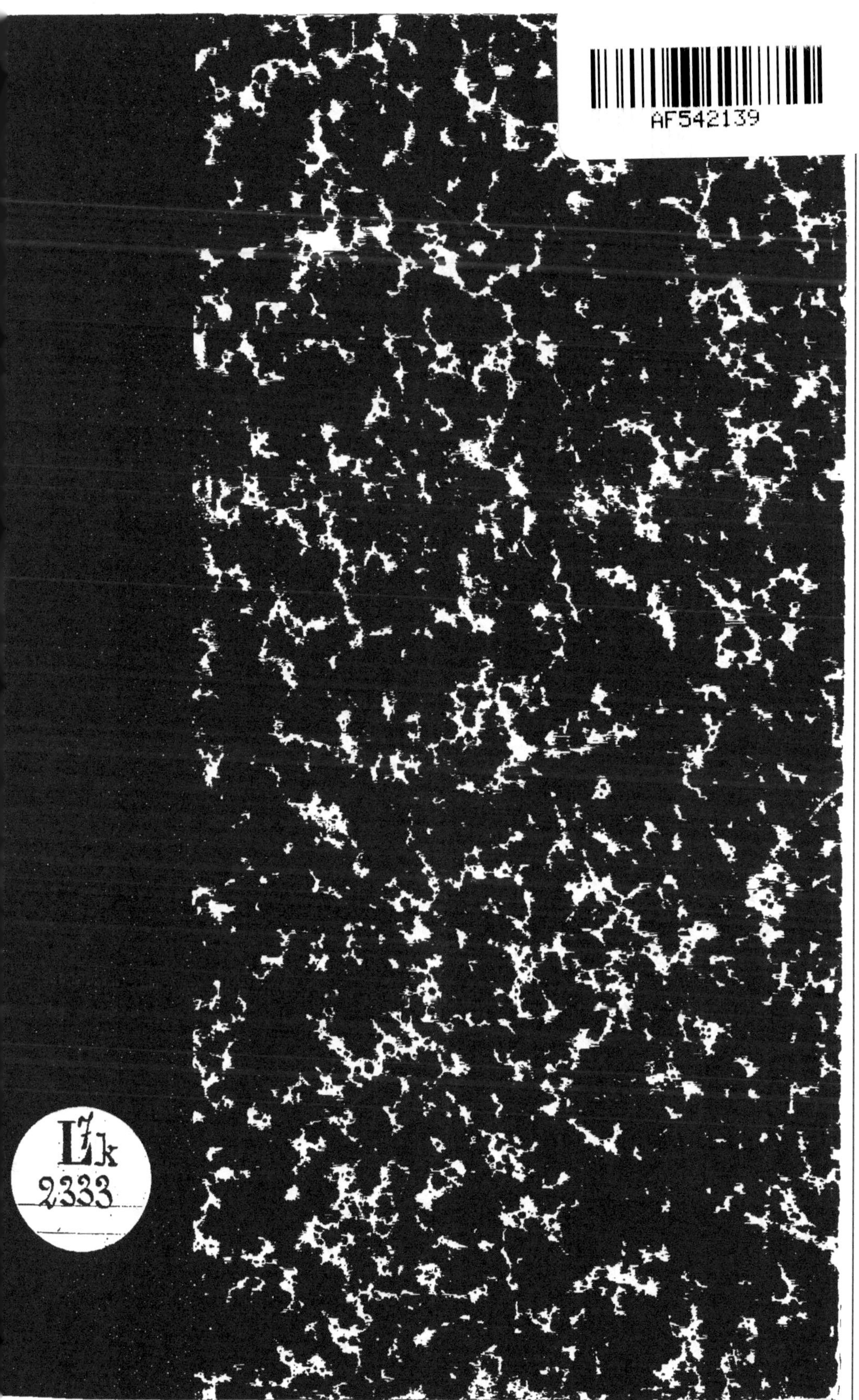
AF542139
Lk
2333

Lk7
2333

NOTICE

SUR LE

COMTÉ DE DABO,

PAR

M. COLLE, AVOCAT,

Ancien Maire de Sarrebourg.

BIBLIOTHÈQUE NATIONALE
Collon RISTELHUEBER
N° 6703
IMPRIMÉS

SARREBOURG,

Chez GABRIEL FILS, Imprimeur - Libraire et Lithographe.

MAI 1852.

NOTICE

SUR

LE COMTÉ DE DABO.

BIBLIOTHÈQUE NATIONALE R.F. IMPRIMÉS

Dans un temps où le département de la Meurthe tout entier, ému par la touchante voix de son Évêque, réunit les dons de sa charité pour venir au secours des malheureux du Comté de Dabo, il n'est peut-être pas hors de propos de faire connaître ce pays, dont les puissants Comtes descendaient de la même souche que le premier Duc de Lorraine, Gérard d'Alsace. L'histoire de Dabo se lie d'ailleurs très-intimement à celle de ce Duché.

Aussi bien, ce Comté de Dabo, dont le nom a si souvent retenti dans les cours et tribunaux depuis trente ans qu'il lutte de son peu de forces avec le domaine, n'est connu que très-imparfaitement par quelques courtes légendes et par quelques notes statistiques peu exactes ou incomplètes.

Enfin, cette notice fera apprécier les faibles et uniques ressources qui restent aux habitants de ce Comté, pour leur subsistance : pauvres débris de celles dont ils jouissaient sous l'administration paternelle de leurs Princes !

Elle justifiera aussi la sollicitude portée à cette intéressante population par les hauts fonctionnaires, dont les nobles paroles et les généreux exemples ont excité la charité dans toutes les classes.

Ce bienveillant intérêt est dû à l'initiative de M. Solard, Sous-Préfet de l'arrondissement.

On y verra à quel haut degré le Prince Louis-Napoléon lui-même a porté sa sollicitude et sa bonté en faveur de cette population malheureuse, en s'associant à la création d'une industrie nouvelle pour le pays.

A son passage à Sarrebourg, en 1850, la nature de cette industrie lui avait été expliquée par l'auteur même de cette notice, et bientôt un éclatant secours est venu témoigner de sa générosité et de sa bienfaisance.

Tels sont les motifs qui m'ont déterminé à faire connaître cette contrée perdue dans les bois ; à parler des habitants de ces montagnes, tous laborieux, mais n'ayant que peu du travail qu'ils recherchent, et presque tous exposés aux plus dures privations quand ce n'est pas à la plus affreuse misère, ainsi que nous en avons malheureusement la preuve.

Après la lecture de cette notice, chacun jugera s'ils méritent cet intérêt.

CHATEAU DE DABO.

Le village de Dabo, que la chronique qualifie du nom de ville, est situé dans les montagnes des Vosges, à trois lieues sud-ouest de Saverne, autant sud-sud-ouest de Phalsbourg, et à quatre lieues de Sarrebourg : c'est le chef-lieu du Comté.

Il est aujourd'hui à mi-côte de la montagne appelée Schlosberg, sur la crête de laquelle existe un haut et large rocher semblant s'élancer spontanément du sein de la terre, et naturellement inaccessible de tous côtés.

C'est sur ce rocher dominant le village et une grande partie de montagnes, qu'un château-fort était construit. L'étendue de son enceinte enveloppait sans doute une partie du Schlosberg à la base du rocher, mais elle n'est plus connue.

D'anciennes traditions disent que ce château a été construit par le roi Dagobert, et que c'est pour cela qu'on l'a appelé Dagsberg et Dagsbourg, montagne de Dagobert ; d'autres prétendent que l'origine de ce nom vient de la grande quantité de blaireaux que l'on trouvait dans les environs, animal qui se nomme en allemand *Dachs,* d'où le nom de Dachsberg, montagne des Blaireaux.

Quoiqu'il en soit l'on dit Dachsberg, Dachsbourg, et en français *Dabo.*

Du haut de ce rocher qui offre une belle plate-forme, mais d'assez faible étendue, le voyageur peut contempler le riche tableau qu'y offre la nature : d'une part des montagnes et vallons couverts d'une masse imposante de forêts de sapins et de quelques autres essences ; ici une montagne déboisée, parsemée d'habitations posées ça et là, ce sont les hameaux dépendant de Dabo : le Hellert, la Houpe, Scheflerhoff, Laschbach et quelques autres écarts ; un peu plus loin c'est la forteresse de Phalsbourg ; là, c'est le village de Hazelbourg, perché sur une autre montagne, où l'on trouve de nombreux vestiges du séjour des Romains ; enfin, par une large et vaste échappée, on découvre toute la plaine accidentée des environs de Sarrebourg et bien au-delà.

APERÇU GÉNÉRAL DES VILLAGES DU COMTÉ.

Plusieurs villages dépendent du Comté de Dabo, mais nous ne parlerons que de ceux qui aujourd'hui ont encore quelques parts aux produits des forêts dans lesquelles ils sont situés :

C'est d'abord Dabo, placé aujourd'hui à mi-côte du Schlosberg (montagne du château), au milieu des forêts.

C'est Valscheid, situé dans un vallon, aux sources du ruisseau de la Bièvre, territoire boisé, village où fut baptisé le Pape Léon IX, que l'Église révère sous le nom de saint Léon.

Abrescheviller, dans la vallée de la Sarre-Rouge, dont le territoire est également boisé de toutes parts.

Voyer, vers la plaine, hors des forêts du Comté.

Hommert, créé de 1613 à 1671, presque en dehors de ces forêts qui néanmoins l'entourent de deux côtés.

Enfin Harrberg, création de 1721, par une verrerie qui y a attiré des habitants, village posé devant ces mêmes forêts.

Ergenthal (Bas-Rhin), également entouré de forêts.

13362 hectares de bois composent encore le sol forestier de ces communes ; c'est de là qu'elles tirent leur principal moyen de subsistance, pour ne pas dire l'unique.

Une partie des bois qui en proviennent, est livrée aux habitants pour leur chauffage ; une autre pour le travail des sabotiers et cuveliers, et une troisième partie enfin est livrée aux scieries pour être façonnée en planches ; le tout moyennant certaines redevances annuelles et à des prix d'estimation ; l'État dispose du surplus : d'une autre part, ils ont des droits de pâturage et de glandée dans ces forêts.

Voilà toute la fortune de ceux qui ont des droits d'usage ; mais un grand nombre ne sont pas usagers et par conséquent ne participent en rien aux délivrances ; ceux-là sont dans un dénuement presque complet ; c'est environ le quart de la population.

Le territoire non boisé de ces communes est de peu d'étendue, il est de 2600 hectares environ, composés de chaumes, de terres et de prés ; dans cette quantité on ne peut faire entrer que 966 hectares susceptibles de culture et 350 hectares de prés. Le tout placé çà et là, car à peine entre chaque village et les forêts, aperçoit-on quelques lambeaux de terrain.

Ce sol de sable ne produit point de blé ; on n'y obtient

qu'un peu de seigle et des pommes de terre dans les cantons où l'absence de roches permet la culture ; le rendement de ces terres n'atteint pas le tiers de celui d'une terre ordinaire, il est donc loin de suffire aux besoins d'une population de plus de 8000 individus, et l'industrie humaine tenterait en vain d'obtenir autre chose.

Ce ne sont pas les riches moissons de l'Alsace ou de la Lorraine: ce sont de chétives et maigres tiges annonçant la pauvreté et l'aridité d'un sol que de bons engrais ne viennent pas fertiliser, puisqu'il n'y a que peu de bestiaux, et encore moins de paille ; ces rares engrais se composent de feuilles sèches qui ont servi de litière, et qu'on porte à dos sur des terrains escarpés.

Il a donc fallu de puissants avantages pour attirer des colons dans une contrée aussi peu favorisée de la nature, et n'offrant presque à l'œil que des forêts, des ravins et des montagnes: ces avantages ne pouvaient consister qu'en produits forestiers et en pâturages dans les bois pour des troupeaux, notamment pour les porcs. Quant à ces produits, auxquels bon nombre ne participent pas du tout, et quelle que soit la diminution dans la répartition qu'on en fait à ceux qui y ont droit, l'habitant autrefois lié et attaché au sol par la loi féodale, ne peut plus aujourd'hui l'abandonner, parce qu'il y possède une famille et une habitation ; il est donc réduit à se contenter de ce qu'il reçoit; d'ailleurs, la plupart n'ont pas même les moyens de quitter ce sol qui les a vu naître.

D'autres reçoivent, à prix modéré, des bois de travail qu'ils employent à faire des cuveaux, des sabots, des pelles et autres ouvrages, qu'ils vont ensuite colporter.

Quelques-uns possèdent des scieries auxquelles on délivre, également à prix modéré, un certain nombre de sapins pour en faire des planches.

L'industrie du Comté roule donc spécialement sur l'emploi des bois, c'était la seule possible.

Parmi les communes avantageusement traitées sous ce rapport, on doit placer en première ligne Abrescheviller qui, par sa position sur une branche flottable de la Sarre, par sa contiguïté avec les forêts de Saint-Quirin dont les produits se livrent au commerce, ce qui permet de se procurer des bois à volonté, a su utiliser et alimenter les dix scieries placées sur ses cours d'eau ; cette situation a permis d'y créer encore d'autres usines, comme forges, papeteries, moulins et huileries ; d'un autre côté, son voisinage avec les verreries de Saint-Quirin y a attiré un grand nombre d'ouvriers que cette importante usine employait.

Les produits des dix scieries d'Abrescheviller consistent en planches ; elles trouvent un débouché soit dans les environs, soit à Sarreguemines et Saarbruck.

En seconde ligne Valscheid, qui a utilisé son cours d'eau par l'établissement de huit scieries dont les planches s'écoulent et se placent dans les environs.

Dabo enfin, qui a neuf scieries dans ses vallées, et qui envoie ses planches vers Phalsbourg et Saverne.

Tous ces établissements industriels résultent de concessions faites par les Comtes de Dabo, suivant des titres spéciaux et moyennant certains cens annuels.

Il en est de même de la verrerie de Harrberg.

L'établissement de ces scieries apporte quelque bien-être à ceux entre les mains desquels elles se trouvent, mais ils ne sont pas en grand nombre ; leur bénéfice d'ailleurs est bien mince à cause du prix élevé qu'ils payent pour les arbres qu'on leur délivre, à cause de la difficulté de l'extraction de ces arbres hors des forêts, et de la difficulté plus grande encore du transport aux scieries.

DÉTAILS HISTORIQUES SUR LE COMTÉ DE DABO.

Au Xe siècle, le Comté de Dabo relevait de l'Empire

d'Allemagne ; il appartenait à l'Alsace, qui elle-même faisait partie du cercle de Souabe; mais l'Alsace en fut détachée par l'Empereur Frédéric Ier, dit Barberousse, vers l'an 1180 ; il y établit des Landgraves ou Comtes provinciaux, sous lesquels se trouvaient d'autres Comtes, dont les principaux étaient ceux de Dabo, d'Egisheim et d'Ergau, de Ferrette, etc.

Il paraît que le Comté de Dabo était bien plus étendu avant l'année 1229, époque où il entra dans la maison de Linanges, qui depuis lors, si l'on en croit une notice datée du 2 Janvier 1671, écrite et signée par *Kriegmann, administrateur du Bailliage de Dabo, premier Conseiller et Notaire du Comté:* « Il était très-grand, célèbre et très- » étendu, car toute la Seigneurie de Rixingen, une partie » du Comté de Blanckenbourg et divers autres Bourgs et » Villages remarquables de l'Evêché de Metz et de la Lor- » raine en dépendaient. »

Quoiqu'il en soit, les Comtes de Dabo possédaient encore le Comté d'Egisheim, aujourd'hui Exheim, celui de Moha, celui d'Ergau, et paraissent avoir possédé aussi le Comté de Rechicourt.

« Le Comté de Dabo, dit la même notice, est le Comté » le plus ancien dont on ait pu trouver l'origine dans au- » cune histoire, chancellerie ou régistrature; c'était un » Comté très-considérable, riche en rentes et revenus. »

« Plusieurs veulent soutenir, ce qui néanmoins est en- » core incertain, que le Roi Dagobert a bâti le château de » Dabo, d'où il a tiré le nom de Dabo ou Dagsbourg. »

La maison de Dabo descend du Duc d'Allemagne, Athic, père de sainte Odile, patronne de l'Alsace. Athic eut un fils du même nom, qui fut Comte d'Alsace, duquel, à la quatrième génération sortit Hugues d'Alsace qui eut trois fils : l'un fut le trisaïeul de Gérard d'Alsace, chef de la maison de Lorraine ; le deuxième, nommé Hugues, eut pour descendants, les Comtes de Dabo et d'Egisheim, et le troisième du

2

nom de Gontram d'Habsbourg, fut la tige de la maison d'Autriche.

On voit un Volfgang, Comte de Dabo en 938, époque contemporaine de Louis d'Outre-Mer, au tournoi de Magdebourg, et un Frédéric, Comte de Dabo en 948, au tournoi de Constance.

Hugues I, fils d'Evrard, Comte de Dabo, d'Egisheim, de Moha et d'Ergau, vivait en 970.

Adelinde, d'autres disent Helvige, sa fille, épousa en 996 Hugues II, oncle de l'Empereur d'Allemagne, Conrad II dit le Salique : c'était sous le règne de Hugues Capet ; de ce mariage sont issus Hugues III et Brunon, qui fut Pape, et que l'on connaît sous le nom de Léon IX.

C'est au château de Dabo, en 1002, que naquit ce Pontife; il fut baptisé dans la chapelle située près du village de Valscheid, appelée plus tard chapelle de Saint-Léon; on en voyait encore les ruines il y a quelques années, ainsi que celles d'un ermitage ou habitation y attenant; ce n'est que depuis peu que cette chapelle a été reconstruite par les soins des habitants, elle porte encore le même nom.

On dit que Brunon vint au monde le corps stigmatisé de petites croix rouges sur la peau; on ajoute qu'elles étaient l'effet de l'impression que la pensée fréquente de J.-C. avait faite sur l'esprit de sa mère qui était très-pieuse, et le souvenir d'une vision qu'elle avait eue au sujet de ce fils.

Ces circonstances la déterminèrent à le nourrir elle-même, et à peine avait-il cinq ans, qu'elle le donna à Berthold, évêque de Toul, pour l'élever dans les vertus et les lettres.

Brunon répondit parfaitement aux soins de son maître; il se fit remarquer par tant de vertus et de connaissances, qu'à l'âge de vingt-quatre ans il fut nommé évêque de Toul.

Il exerçait son épiscopat depuis vingt-deux ans, lorsqu'il fut élu Pape dans une assemblée tenue à Vorms, en 1048, par l'Empereur Henry III, dit le Noir, son cousin; c'est dans cette même assemblée que Gérard d'Alsace, aussi son cousin, reçut l'investiture du Duché de Lorraine.

Le nouveau Pape fut reçu à Rome, dit l'abbé Lavocat, dans son dictionnaire historique, avec de grandes acclamations de joie, et y fut intronisé le 15 Février 1049.

Ce fut par son entremise que furent brisés les fers de Gérard d'Alsace, prisonnier de Geoffroy pendant un an, et ce fut lui qui pacifia ces deux ennemis.

C'était, dit l'abbé Lavocat, un pieux et savant Pape qui travailla avec zèle à la réforme de la discipline ecclésiastique.

Il tint plusieurs conciles en Italie, en France et en Allemagne; il fit la guerre aux Normands en 1053, ses troupes ayant été battues, les Normands le retinrent prisonnier à Benevent, depuis le 23 Juin de la même année, jusqu'au 12 Mars 1054.

Il revint à Rome et y mourut saintement, le 19 Avril suivant.

On a de lui des sermons et des épîtres décrétales; c'est sous son Pontificat que le schisme des Grecs, dont Photius, Patriarche de Constantinople, avait jeté les premiers fondements, éclata par les écrits de Michel Cerularius, autre Patriarche de Constantinople; mais ces écrits furent solidement réfutés par ses ordres.

Quelques années avant la mort de Léon IX, l'abbaye de Hesse fut fondée par son père Hugues III, en faveur de Serberge, sa nièce, qui en fut la première abbesse. Ce fut lui qui en 1049, consacra l'église de ce couvent, et il ordonna que nul autre que l'archevêque, ou l'évêque diocésain, ou le prêtre semainier desservant le monastère, ne pussent célébrer la messe sur le maître-autel, sans la permission de l'abbesse.

C'est dans cette église que furent inhumés Malfrid et Gérard, cousins germains du Pontife, son frère Hugues, sa femme et leur fils Henry.

Le prieuré de Saint-Quirin est encore l'ouvrage d'un parent de Léon IX ; il fut bâti par le Comte Louis, son aïeul maternel, et ce fut ce Pape qui remit à Geppe, abbesse, les reliques de saint Quirin, martyr. Dans un de ses derniers voyages, il réunit ce prieuré à celui de Marmoutiers et alla consacrer l'église de Hommarting.

C'est là tout ce qu'on trouve des actes de Léon IX et de son père, Hugues III.

En 1080, on voit un Sigismond, Comte de Dabo, au tournoi d'Augsbourg.

« En 1122, dit le Conseiller Kriegmann, s'est élevé » une guerre dans la Basse-Alsace, entre Hugues, Comte de » Dabo et ses propres sujets : est venu au secours dudit » Comte Hugues, le Duc de Souabe, nommé Berthold, » comme étant son plus proche parent : mais ils ont été tués » tous deux, par les paysans, non loin de Molsheim. »

En 1165, Ernfried, Comte de Dabo, se trouve aux tournois de Cologne.

D'Expilly, dans son dictionnaire, dit qu'il y eut un Hugues V, petit-fils de Hugues IV, et que ce Hugues V mourut en 1172, laissant pour héritière Ludgarde, sa sœur, qui épousa Godefroi II, Duc de Lotter, dont elle eut un fils, connu sous le nom d'Albert de Brabant.

Albert mourut vers l'an 1211, laissant pour unique héritière *Gertrude*, sa fille.

Gertrude épousa le brillant et valeureux Thiébaut Ier, Duc de Lorraine, qui réunit ainsi à son Duché le Comté de Dabo, *alors* très-considérable, et les Comtés d'Egisheim, d'Ergau, de Moha et autres.

Il mourut en 1220. Son successeur, Mathieu II, donna pour douaire à sa veuve, les villes de Nancy et de Gondreville.

Cette Princesse, recherchée par plusieurs Princes du voisinage, épousa en secondes noces le jeune Thiébaut V, Comte de Champagne, qui la répudia deux années après.

Enfin elle épousa en troisièmes noces Simon, Comte de Linanges.

La Maison de Linanges était aussi l'une des plus illustres de l'Empire ; on voit figurer ces Comtes dans des tournois en 948 et 1019 ; elle avait donné un évêque à Vurtzbourg en 1131, à Spire en 1156; elle en donna encore à Mayence en 1396.

COMTES DE LINANGES
(en allemand Leiningen.)

Gertrude n'eut aucun enfant de ses trois époux, et mourut en 1225, sans héritiers, source de guerre entre les prétendants à cette riche succession (Hist. de Lorraine.)

En effet, et d'abord ce furent Henry, Duc de Brabant (en ce temps le Brabant faisait partie de la Lorraine), et Hermann, Marquis de Bade, qui élevèrent sur le Comté de Dabo, des prétentions qu'ils abandonnèrent ensuite à Berthold, évêque de Strasbourg.

Après eux vint Jean d'Apremont, évêque de Metz, qui crut devoir profiter de la circonstance pour prendre possession du Comté de Dabo, comme ancien fief de son église; à l'effet de quoi il appela à son secours le Comte de Bar, et sous le même prétexte, s'empara des terres de Turquestein, des villes de Sarralbe, de Sarrebourg et des autres biens que les Comtes de Sarrebourg avaient possédés autrefois à titre de fief de son évêché; il voulait s'emparer du château de Dabo, mais le frère d'Albert, Hugues ou Henry de Brabant, oncle de Gertrude, empêcha que l'évêque ne s'en saisit, et s'en empara lui-même de vive force.

D'un autre côté, Simon, Comte de Linanges, veuf de Gertrude, d'autres disent le frère de Simon, revendiquait aussi ces domaines, et déclara la guerre à l'évêque de Metz, avec le secours de Vautier, Comte du Limbourg, du Comte de Luxembourg et de plusieurs Seigneurs de l'Empire qu'il mit dans ses intérêts.

Cependant l'évêque de Metz pressait l'exécution de ses projets contre le château de Dabo; il parvint à faire élever une forteresse vis-à-vis ce château, pour le bloquer et de le prendre par famine.

La guerre durait depuis près de deux ans, lorsque des amis communs la terminèrent par une convention du 29 Août 1227.

Il fut arrêté que le Comte de Linanges jouirait du Comté de Dabo, à condition qu'il épouserait la nièce de l'évêque, et que son douaire serait assigné sur cette terre; qu'enfin lui et ses successeurs feraient hommage aux évêques de Strasbourg.

C'est depuis cette époque que les Comtes de Linanges ont pris le titre de Comtes de Dabo.

Le reste des lambeaux des riches dépouilles de Gertrude, fut partagé entre les évêques de Strasbourg et de Liége : le premier s'empara des châteaux de Guibolde et de Ververstein; le second du Comté de Moha; le tout malgré la résistance du Duc de Louvain, qui voulait aussi s'en rendre maître.

Il paraît qu'alors le Comté de Dabo même, fut l'objet d'un démembrement, car d'Expilly nous apprend que l'Empereur d'Allemagne en donna une partie à un Seigneur avec le titre de Comte, mais il ne nomme pas ce Seigneur.

Quoiqu'il en soit, le Comte de Linanges conserva le Comté de Dabo, composé *au moins* des seize territoires suivants, d'après la notice de 1671 : Dabo, Valscheid, Abrescheviller, Voyer, Hesse (les territoires de Hommert et Harrberg, non encore bâtis), Obersteigen, Engenthal, Hohengœfft, Motzig, Vasselonne, Erenheim, Altorf, Veihersheim et Vangenbourg.

Nous disons qu'il était composé, en 1225, des seize territoires susdits, parce que d'après la notice de 1671, ils en faisaient alors encore partie.

« En ce temps-là, dit le rédacteur, beaucoup de mem-

» bres de cette Seigneurie, de Lorraine et d'Alsace ont été
» détachés du Comté de Dabo, et presqu'un chacun vou-
» lait avoir une plume de cet oiseau, de sorte qu'à la fin,
» messieurs les Comtes de Linanges ont jugé à propos, pour
» pouvoir rester tranquilles avec les autres, et vu le nom-
» bre inférieur, de transporter le Comté de Dabo à l'évê-
» que de Strasbourg, comme hommes-liges, ainsi qu'il est
» encore accepté en ce moment (1671) en qualité d'hommes-
» liges. »

Depuis cette époque de 1227, les Comtes de Linanges (*Leiningen*), sont en possession du Comté de Dabo, et on les voit figurer dans différentes guerres entre la Lorraine et l'évêque de Metz, ou ailleurs.

On les voit en 1237 (7ᵉ croisade), prendre la croix, avec les Comtes de Bar, de Salm, de Vaudémont, de Rechicourt et autres, se rendre en 1239 en Palestine, où le Comte de Rechicourt fut fait prisonnier et chargé de fers par les Sarrasins.

On voit, vers l'année 1248, le Comte de Dabo et l'évêque de Metz faire irruption en Lorraine, battus par le Duc Mathieu II, au-dessus de Remiremont, poursuivis jusqu'à Saverne et obligés d'implorer la paix.

En 1312, les Comtes de Dabo et de Rechicourt font encore la guerre à Ferry IV, Duc de Lorraine, qui les bat dans la plaine de Hermelange, entre Hesse et Lorquin.

En 1332, Frédéric de Linanges, Comte de Dabo, se trouve au tournoi d'Engelheim.

En ce temps, Raoul, Duc de Lorraine, avait épousé Marie de Blois, nièce du Roi de France, Philippe de Valois; Raoul fait la guerre à l'archevêque de Trèves; cette guerre est suivie d'un traité de paix, signé en 1334, à Hommarting, près de Sarrebourg; Geoffroy de Linanges est l'un des signataires de ce traité.

En 1346, après la mort de Raoul, Marie de Blois, sa veuve, régente de Lorraine, mère de Jean Iᵉʳ, épouse ce

Frédéric de Linanges, et la Noblesse, conformément aux volontés de Raoul, en son testament, le nomme Gouverneur du Duché de Lorraine.

On le voit, en 1350, à la tête des Lorrains, combattre les troupes de l'évêque de Metz, près de Pont-à-Mousson.

Il assista avec sa femme à la Cour plénière tenue à Metz, le 25 Décembre 1357, par l'Empereur Charles IV, auteur de la Bulle d'or, touchant l'élection des Empereurs.

En 1392, c'est Georges de Linanges qu'on voit au tournoi de Schaffousen.

En 1470, c'est le Comte Emich de Linanges qui possède le Comté de Dabo, ainsi qu'il apparaît par un rescrit de l'Empereur Frédéric IV, de la même année, qui accorde à *Emich* le droit de haute-justice dans le Comté de Dabo, et prononce une amende de cinquante marcs d'or contre ceux qui lui feraient obstacle, comme on le verra plus loin.

D'après la notice, c'est Jean-Henry de Linanges qui existait en 1554; car elle nous apprend qu'Apolline, sœur de ce Comte, épousa Philippe, Comte de Nassau, qui mourut le 19 Juin de la même année.

Elle dit aussi que ce Jean-Henry, qui régnait encore en 1558, mourut à la chasse, accompagné du Prince électoral, sous le règne de l'Archiduc Henry, et qu'il ne laissa point d'héritier.

Depuis cette époque jusqu'en 1613, il n'y a plus de documents sur les Comtes de Linanges.

Mais alors on les retrouve dans une déclaration faite et signée au château de Dabo, le 27 Juin 1613, par les deux frères Jean-Louis et Philippe-Georges.

Cette déclaration annonce dans son préambule qu'ils ont l'intention de partager le Comté de Dabo en deux lots, et qu'elle a notamment pour but d'assurer et de fixer les droits des sujets du Comté, dans leurs forêts ; elle se compose de 22 articles qui déterminent et établissent ces droits, ainsi que le moyen de les obtenir et de les exercer, en ce qui concerne 1° le droit de bourgeoisie; 2° les droits au bois de chauffage et de construction pour les maisons; 3° les arbres à délivrer aux scieries pour fabriquer des planches; 4° les bois à délivrer aux sabotiers et cuveliers pour les travailler et les mettre en œuvre; 5° la pâture et la glandée pour les bestiaux; 6° enfin le prix de ces bois et les redevances à payer en échange par les usagers.

Cet acte, si précieux pour les habitants, forme encore aujourd'hui la base et le titre fondamental des délivrances annuelles de bois qui leur sont faites par l'administration forestière: nous les ferons connaître plus loin.

Il y est dit que le Comté de Dabo se compose des hameaux et villages suivants : Dabo, Valscheid, Abrescheviller, Voyer, Hesse, Oberstingen, Engenthal et Vangenbourg, tels sont les seuls villages que les Comtes de Linanges indiquent en 1613.

Cependant, le rédacteur de la notice, qui est administrateur du Bailliage, premier Conseiller et Notaire du Comté, qui écrit en 1671, y fait entrer Motzig, Vasselonne, Erenheim, Altorff et Veyersheim, dont les Comtes ne parlent pas.

Si les villages de Hommert et Harrberg n'y figurent pas, cela s'explique parce qu'ils n'existaient pas encore à cette époque.

Si l'acte disait que les seuls villages du Comté qui ont des droits d'usage dans leurs forêts, sont les huit villages y désignés, cela s'expliquerait encore; mais il n'en est pas ainsi, et nous avons le regret de ne trouver aucun document propre à donner la raison de cette omission, de cette lacune, ou de cette différence entre deux actes écrits à 58 ans de distance l'un de l'autre.

M. de Beaulieu et la Statistique de la Meurthe disent que *Voyer* s'appelait autrefois *Veyersheim-à-la-Haute-Tour;* c'est une erreur, car Voyer et Veyersheim-à-la-Haute-Tour

BIBLIOTHÈQUE NATIONALE R.F. IMPRIMÉS

sont bien deux villages distincts, et qui existent encore aujourd'hui simultanément : l'un est situé près d'Abreschviller, c'est celui désigné au titre sous le nom de *Veiher;* l'autre c'est *Veyersheim-à-la-Haute-Tour,* situé dans les environs de Vasselonne.

Au reste, voici ce que dit la notice de 1671 :

« *Veyersheim-à-la-Haute-Tour* est en communauté, dé-
» pendant de l'évêque de Strasbourg, et les deux Seigneurs
» de Linanges y ont la moitié des habitants : il y en a 39. »

Dans un autre endroit, la notice dit encore, en parlant du contingent en argent assigné aux villages du Comté, pour l'entretien de la garnison du château de Dabo, que ce contingent est supporté par cinq villages, qui sont :

« Dabo 2 florins.
» Valscheid 2 florins.
» Abrescheviller 1 florin.
» Voyer (Veier) 1 florin.
» Hohengœft » 10 deniers.
» *Veyersheim-à-la-Haute-Tour,* annuellement en tout
» 100 florins. »

Nous avons dit qu'au temps des actes précités, les villages de Hommert et Harrberg n'existaient pas encore.

On va voir par un passage de la notice, que *Hommert* a été construit par Philippe-Georges de Linanges, l'un des auteurs de l'acte de 1613, et ne l'a été que de 1613 à 1671, puisque son acte de 1613 n'en parle pas, tandis que la notice de 1671 le mentionne comme il suit :

« Au village de Dabo, comme aussi dans les autres vil-
» lages des forêts, qui sont Valscheid, Abrescheviller et
» Voyer, de même que dans tout le circuit des montagnes,
» *et du village de Hommert, que le Comte Philippe-Geor-*
» *ges,* de mémoire très-honorable, *a fait bâtir,* haute-jus-
» tice est commune entre les deux Seigneurs, comme on
» peut le voir par l'accord fait en 1613. »

Quant au village de *Harrberg,* la notice ne pouvait pas

en parler, car la concession de la verrerie n'a été faite que par acte du 9 Novembre 1723, approuvé à Hiedesheim, le 22 Janvier 1724. Cette usine est le premier établissement qui ait été construit sur la montagne appelée Harrberg, encore alors à l'état de forêt, car le défrichement partiel en a été autorisé en faveur de cette construction et de celle de bâtiments suffisants pour y loger les ouvriers verriers, avec abandon des terrains défrichés pour en faire des terres et des prés, et une affectation de plusieurs cantons de forêts pour l'alimentation de cette verrerie, outre quelques autres droits et priviléges; le tout à charge de payer une rente annuelle.

C'est à la suite de cet établissement, si propre à attirer des habitants, que d'autres maisons sont venues se ranger, et ont formé le village appelé Harrberg, du nom de la montagne.

Les Comtes de Linanges ont encore passé deux autres actes, concernant la généralité des droits d'usage dans leurs forêts: ces deux actes apportent quelques modifications au règlement de 1613, en ce qui concerne la quotité des bois à délivrer aux usagers, et déterminent des prix différents que dans le premier; ils établissent aussi des règles sur la police forestière; mais ces deux actes ne sont plus suivis aujourd'hui: celui de 1613 est seul exécuté.

Le premier de ces actes est daté de Dabo, le 1er Mai 1614, il émane de Philippe-Georges, l'un des signataires de celui de 1613.

Le second est daté de Hartenbourg, le jour de la Nativité de Notre-Dame Marie, de l'an 1628 (8 Septembre), il émane de Jean-Philippe, Comte de Linanges, qui avait succédé à Jean-Louis, autre signataire de l'acte de 1613.

Nous rapporterons plus bas la substance de l'acte de 1613, le seul en vigueur.

Ces trois pièces sont déposées aux archives de la Préfecture, depuis 1807, et il est inexact de dire, comme le fait entendre la statistique de la Meurthe (1843), que c'est M. Boyé qui les a recueillies; nous verrons plus loin comment on les a obtenues.

Le conseiller bailli de Dabo, dans sa notice de 1671, sur le Comté, nous apprend que le partage n'était pas satisfaisant; il dit :

« L'an 1613, le Comté de Dabo a été partagé entre mes-
» seigneurs les Comtes de Hartenbourg et de Linanges-Fal-
» kenbourg....., lequel partage et pacte, quoiqu'on avait
» pensé que le tout se fût fait le mieux possible, il s'est
» justement trouvé le contraire, les sujets voyant bien
» l'avantage qu'ils en tiraient, que le Seigneur de Linanges-
» Falkenbourg était très-inégalement partagé, ayant trois
» fois plus de sapinières que l'autre, et en outre le pied
» des montagnes, en quoi consiste la subsistance des sujets
» (sans doute des terres arables et les prairies des vallées),
» c'est pour cela qu'un grand nombre de sujets se sont
» voulu porter sur ce côté-ci; donc, pour prévenir à ce,
» les 7, 8 et 9 du mois d'Avril 1614, pour éviter toutes
» difficultés, on s'est arrangé de la manière suivante: que
» les maisons de tous les villages de la Seigneurie, habitées
» par tel Bourgeois que ce soit, composant le partage, doi-
» vent à eux seuls appartenir, soit qu'elles ayent été de
» franc-alleu ou ascensées à perpétuité.

» Sur quoi se sont levées plus de querelles, de façon
» qu'en 1623, le 24 Juin, et peu de temps après, le 11
» Juin 1624, il a fallu dresser un autre accord ou pacte
» qui renferme plus d'éclaircissements. »

Mais l'auteur de la notice n'indique pas en quoi consistent ces éclaircissements.

Le même auteur fait l'énumération des droits féodaux et autres servitudes, qui appartenaient autrefois et avant lui aux Comtes de Dabo.

Nous allons les indiquer en donnant l'extrait sommaire des plus remarquables; il les désigne sous les rubriques et titres suivants : justice capitale et haute-justice, pardons, délits, droit de haute-justice, consistant à pouvoir élever un gibet, mais avec la circonstance qu'il doit être « construit par les » charpentiers et manœuvres du Comté, en présence des » maires, gens de justice et échevins, auxquels on doit donner » la nourriture, *mais point de salaire.* » Ce privilége de justice, dit-il, a été accordé en 1470, par l'Empereur Frédéric IV, sous peine d'une amende de cinquante marcs d'or massif, que celui qui y apporterait empêchement doit payer, moitié à son profit et moitié au profit du Comte de Dabo *Emich;* il donne copie de ces lettres de privilége. Il ajoute que ce privilége a été confirmé en 1499, par l'Empereur Maximilien Ier; en 1554, par l'Empereur Ferdinand (c'était le frère de Charles-Quint); en 1559, par Maximilien II; en 1566, par Rodolphe II; en 1614, par l'Empereur Mathias.

Cet auteur continue l'énumération des autres droits, dont nous ne donnerons ici que le titre et quelques fois encore la consistance, ce sont : droit d'église, consistant à nommer et révoquer les prêtres du Comté ; droit de tailles; impôts sur le débit de sel, que fait le juif Hirtzel, de Saverne; défense aux sujets de se marier sans le consentement du Seigneur ou du Bailli; défense de quitter le Comté avant de s'être racheté de la servitude; droit de *Leibeth*, consistant à payer deux schellings pour pouvoir changer de domicile; droit de lever un tribut ; droit de décès, consistant à prendre la meilleure pièce de bête, ou une pièce de terre à son défaut, ou une somme d'argent selon le moyen du défunt; droit de s'établir au pays ou droit de bourgeoisie, si le nouveau venu n'était pas fils d'un bourgeois; droit de sortie, consistant à payer une somme d'argent pour se racheter femme et enfants, s'il convient au Seigneur ou au Bailli; droit de pâture; droit de basse-justice touchant les querelles; droit sur les juifs qui trafiquent dans le Comté; droit de chaudronnier, à payer par celui qui veut s'y établir et obtenir le renvoi de ceux qui y viennent en passant; impôts militaires « *pour* » *la conservation de la garnison de la forteresse de Dabo, où* » *les sujets sont obligés de tenir la garde, et d'y porter du* » *secours dans la dernière nécessité;* » tribut annuel en argent par cinq villages, à cet effet; corvées en argent; rentes des scieries pour le *vasser-fall* (la chûte d'eau); le droit de péage; droit de chauffage, consistant à couper annuellement quarante cordes de sapin pour chauffer la garde du château, et quarante cordes pour le Seigneur, avec obligation de les conduire au château de Dabo; droit de pêche dans les eaux et rivières, pouvant être affermé.

La plupart de ces revenus étaient partagés par moitié entre les deux Seigneurs, en suite de la convention de 1613.

Cependant nous devons faire remarquer que la notice dit qu'une partie de ces droits ne se payaient plus à l'époque de 1671.

Le même auteur dit encore: « Que le Seigneur tient un » réservoir de truites à Abrescheviller, en deux endroits, » l'un au-dessus d'Abrescheviller, à côté de la forêt de » Saint-Quirin, l'autre à Lettenbach, qui ont été loués » pour trois années à Jean Forcheron, maire et maréchal- » ferrant, et à Thomas Chyrian, à condition que le ma- » réchal-ferrant possédera la grande pièce des eaux susdites, » dont il paiera à la Chandeleur 15 florins de cens par an, » et à charge de donner des truites au Seigneur de temps » en temps, s'il désire en manger. Pour l'autre partie » d'eau inférieure, Thomas Chyrian payera 1 florin 5 schel- » lings, et doit mêmement de temps en temps, donner un » manger de truites au Seigneur. »

Il paraît que les droits des Comtes de Linanges n'étaient point absolus sur le village de Hesse, ni aussi étendus qu'à Dabo, Abrescheviller et Valscheid; il paraît qu'ils en avaient perdu une partie sur le couvent construit par Hugues III, père de Léon IX; d'après ce qu'on va lire, ils n'avaient pas, à Hesse, le droit de condamnation à une peine capitale, mais seulement celui d'*exécution;* au reste, cette partie du document de 1671 est assez curieuse, elle s'énonce ainsi :

HESSE.

« Les Comtes de Linanges et de Dabo, avaient autrefois » plein et absolu pouvoir à Hesse, en qualité de Sei- » gneurs-propriétaires, comme le tout est suffisamment dé- » montré par beaucoup d'actes et écrits de différentes » espèces, mais la majeure partie est déchue, hors une » petite partie, en vertu d'un dernier accord qui a été » dressé le 22 Septembre 1607.

HAUTE-JUSTICE.

» Messeigneurs les Comtes de Linanges, conjointement » ensemble, n'ont autre chose à prétendre de la haute- » justice que quand une personne criminelle est exécutée » à mort, ils ont le tiers de la confiscation.

CAPTURE ET TORTURE.

» Touchant la capture et torture d'un criminel, comme » aussi la peine afflictive et sentence de justice criminelle, » les Comtes de Linanges en communauté, baillis ou ser- » viteurs d'iceux n'y entrent pour rien, excepté que les » gens tenant le bailliage de Dabo, étant à ce requis, doi- » vent le transporter à Hesse, avec autant de sujets armés » du Comté de Dabo qu'on jugera à propos à cet effet, » pour se trouver au jugement du Tribunal.

» Alors, l'un des officiers de justice qui, comme juge, » se met à la tête des échevins justiciers, y attend la sen- » tence définitive du juge, et quand lecture aura été faite » du jugement, et que le bâton aura été rompu par le maire, » le bailli de la Seigneurie du Comte de Linanges-Hartem- » bourg appellera le bourreau, lui ordonnant d'exécuter » sur le pauvre criminel, ce qui est de droit et justice.

» Le cercle est alors formé par les sujets de Dabo : le » pauvre criminel sera conduit par ces derniers armés, sur la » haute-justice, et il ne sera permis à aucun particulier de » Hesse d'approcher avec des armes.

» Durant l'exécution de la haute-justice, le cercle sera éga- » lement formé et clos par des sujets du Comté de Dabo.

» Quand une haute-justice vient à tomber en ruine, ou » qu'on est obligé d'en construire une nouvelle, les sujets » de Dabo sont obligés de la construire.

» Il en est de même de tous les genres d'exécutions, tels » que le feu et la roue.

» Cela a été ainsi observé avec le dernier qui a été exécuté » par les ordres et sous la régence de Christophe Fuchs qui » était bailli des deux Seigneuries.

COUVENT DE HESSE.

» Après la mort de l'abbé, et en vertu du traité ci-dessus » mentionné, les deux gracieux Seigneurs, conjointement et » ensemble, ont à recevoir cent couronnes pour reconnais- » sance du nouvel abbé élu, à cause du couvent de Hesse et » cela autant de fois qu'un abbé meurt : laquelle centaine » de couronnes a déjà été acquittée par différentes fois, » comme on peut le voir dans les actes et comptes du bailliage, » dont il revient moitié à chacun des gracieux Seigneurs, » faisant donc 50 couronnes pour sa part. »

Le surplus de la notice de 1671 est de peu d'intérêt.

Ce sont les Comtes *Frédéric Emich* et *Jean-Casimir* de Linanges qui paraissent avoir succédé aux deux signataires des actes de 1613, 1614 et 1628 : ce sont eux, en tous cas, qui étaient en possession du Comté de Dabo en 1671, car la notice du 2 Janvier de la même année, dit formellement que ce Comté : « Appartient *en ce moment* au Comte et Sei-
» gneur d'illustre naissance messire *Frédéric Emich*, Comte
» à Linanges et à Dabo, comme aussi au Comte et Seigneur
» *Jean Casimir*, Comte à Linanges et à Dabo, Seigneurs
» d'Apremont, ses très-gracieux Comtes et Seigneurs. »

D'une part, c'est en 1679 que le château de Dabo a été détruit ; d'une autre part nous avons deux concessions des scieries Georgen-Mühl et Keppermühl (vallées de Dabo), signées par le Comte Frédéric Emich à Francfort, le 13 Mai 1697 : ces deux Comtes étaient donc les Seigneurs du Comté en 1679, lors de la destruction du château.

DESTRUCTION DU CHATEAU DE DABO.

L'Alsace, ainsi que les trois évêchés de Metz, Toul et Verdun, avaient été réunis à la France, par le traité de Munster (Vestphalie), du 24 Octobre 1648 : les troupes de Louis XIV occupaient ces provinces.

Cependant, l'article 87 de ce traité apportait quelques restrictions aux stipulations générales de la cession, en ce que :

« Le Roi devait laisser, non-seulement les évêques et
» la ville de Strasbourg, mais aussi les autres états ou
» ordres qui sont dans l'une et l'autre Alsace, immédiate-
» ment soumis à l'Empire, mais encore les dix villes im-
» périales de l'Alsace qui reconnaissaient la préfecture de
» Haguenau, ainsi que la Noblesse de toute la Basse-Al-
» sâce, dans cette possession d'immédiateté à l'égard de
» l'Empire romain, dont elles avaient joui jusqu'alors, de

» manière qu'il ne puisse par après, prétendre sur elles » aucune souveraineté royale, mais qu'il demeure content » des droits quelconques qui appartiennent à la Maison » d'Autriche, qui sont cédés à la couronne de France, » de sorte toutefois, que par cette présente déclaration, » on n'entende point qu'il soit rien ôté de tout ce droit » de suprême Seigneurie, qui a été accordé ci-dessus. »

Ces restrictions, que le traité de paix de Nimègue, du 5 Février 1679, ne fit point disparaître, puisqu'il confirma purement et simplement la réunion, donnèrent lieu plus tard, à des difficultés et à des prétentions que la puissance de Louis XIV empêcha de repousser.

Avant d'en faire connaître la nature, il faut dire un mot des événements qui se passèrent entre ces deux traités; ils sont indispensables pour l'intelligence de ce qui suivra touchant le château de Dabo.

Dès avant le traité de 1648, les troupes françaises occupaient l'Alsace, mais Strasbourg était resté libre; elles occupaient aussi la Lorraine, envahie sur le Duc Charles IV, ainsi que les trois évêchés Metz, Toul et Verdun, cédés par le traité de paix.

En l'année 1657, Louis XIV avait institué à Ensisheim (Alsace), au lieu et place de la régence d'Autriche, puis à Brisac, à Metz et à Besançon, des Chambres royales, chargées, entr'autres pouvoirs, de prendre connaissance des usurpations et aliénations des biens et droits, au préjudice des pays conquis, et de les réunir à la couronne, comme dépendant de ces pays acquis à la France par le traité de réunion.

D'une autre part, le Duc de Lorraine Charles IV, s'était vu obligé, par le traité de Vincennes, du 28 Février 1661, de lui abandonner Sarrebourg, Phalsbourg et 72 autres places ou territoires de la Lorraine, occupés d'ailleurs par les Français, au moyen de quoi le Duc rentrerait dans ses États.

De nouveaux démêlés étant survenus entre les Princes du Rhin, la Lorraine, la Hollande et l'Empire, une nouvelle guerre s'alluma.

Cette guerre dura quelque temps, et se termina par le traité de Nimègue, du 5 Février 1679, qui confirma de nouveau la réunion de l'Alsace à la France.

Le vaillant Duc de Lorraine, Charles V qui avait succédé à Charles IV, en 1675, refusa d'y adhérer, parce que les conditions faites à son égard par Louis XIV, lui paraissaient trop dures, préférant abandonner ses États et retourner à Vienne, où il fut nommé généralissime de l'armée impériale contre les Turcs, sur lesquels, peu de temps après, il remporta plusieurs victoires, après les avoir battus devant Vienne dont ils avaient fait le siége.

Mais pendant ce temps, le Roi débarrassé de tous autres ennemis et n'ayant plus à faire qu'à Charles V, s'était emparé de toutes les places de la Lorraine (qu'il garda jusqu'en 1697, date du traité de Risvick); il s'était emparé aussi du territoire des dix villes impériales de l'Alsace et même d'une partie du Palatinat ; il se maintenait dans l'occupation de ces territoires, prétendant qu'ils faisaient partie du traité de Réunion.

Pour justifier ses prétentions, il faisait citer les possesseurs de ces fiefs, devant les chambres royales qu'il avait instituées à Brisac, à Metz et à Besançon et en faisait prononcer la réunion à la France, comme biens de la couronne.

Du reste, il s'en emparait de bon gré ou de force.

Ce fut au point que par arrêts de la chambre de Metz, le Duché de Deux-Ponts, le Luxembourg et la Lorraine elle-même, presque tout entière lui furent adjugés, ce qui a donné lieu à Voltaire de dire : « que depuis Charlemagne, » on n'avait vu aucun Prince agir en maître des Souverains » et conquérir des pays, par des arrêts. »

On pense bien que ce mode de procéder donna lieu à de vives réclamations de la part des Princes, dont les biens étaient ainsi envahis.

On lit en effet (histoire de France), que le Roi cita plusieurs Princes souverains à comparaître devant ces chambres, comme possédant des biens démembrés de la couronne, et que de ce nombre furent divers Seigneurs de la Haute et Basse-Alsace, qu'on obligea à reconnaître le Roi pour souverain ; que le Prince Palatin fut de ce nombre et que outré de l'injustice, il en fit de vaines remontrances ; que Colbert de Croissy à qui cette affaire fut renvoyée, se borna à répondre : « que les chambres de Metz et de Brisac avaient été » établies pour en connaître et que c'était devant elles qu'il » fallait procéder ; » que les réclamants insistant pour avoir au moins le temps d'en écrire aux médiateurs des traités de Munster et Nimègue, « on ne leur répondit qu'en en- » voyant des gens de guerre dans les lieux qui refusaient » de se soumettre. »

Pexdilly nous apprend d'un autre côté, qu'après le traité de Réunion, les Comtes de Linanges prétendaient tenir le Comté de Dabo comme fief qui faisait membre et partie du cercle du Haut-Rhin et n'être pas compris dans la Réunion, mais que leur prétention a été rejetée et Dabo réuni à l'Alsace par un arrêt du conseil souverain.

Il ne donne la date ni de cette prétention ni de cet arrêt, en sorte qu'on ne sait pas s'il est antérieur ou postérieur à la prise du château de Dabo.

La statistique de la Meurthe, qui du reste a été induite en erreur sur beaucoup de choses touchant Dabo, dit que le château était devenu le refuge d'une bande de partisans ou plutôt de brigands qui manœuvraient sur les derrières de l'armée française, égorgeaient les hommes isolés, attaquaient les petits détachements et pillaient les convois, motif pour lequel le Baron de Monclar s'en empara.

Ce fait n'est pas supposable de la part de 30 hommes enfermés dans le château pour le défendre. Cette faible garnison n'aurait pas abandonné le château pour aller se battre en plaine ; d'ailleurs, comment cette poignée d'hommes auraient-ils pû faire tant de ravages impunément et oser provoquer la vengeance de troupes nombreuses et victorieuses?

La chronique dit que le Baron de Monclar prétendait que le château donnait asile à des réfugiés, et qu'il saisit ce prétexte pour s'emparer des richesses qu'on y savait renfermées.

Ce prétexte ne peut pas avoir existé, puisque la révocation de l'Édit de Nantes n'a eu lieu qu'en 1785, six ans après la prise de Dabo.

La véritable cause est donc celle qui a déterminé la prise de tant d'autres places fortes et la destruction de tant de châteaux-forts en Lorraine et en Alsace, c'est la politique envahissante de Louis XIV et l'extension qu'il voulait donner aux traités qui décidèrent cette destruction et les envahissements dont se plaignaient les Seigneurs d'Alsace, au nombre desquels étaient les Comtes de Linanges, Dabo et Falkenbourg, comme on va le voir par les remontrances faites au Roi par la diète de Ratisbonne elle-même; remontrances qui du reste furent sans effet. Le sort de ces châteaux-forts était décidé, parce qu'ils portaient ombrage à ce Souverain.

La diète de Ratisbonne disait au Roi: « que quoiqu'on ne » lui eût cédé par la dernière paix, que les trois évêchés de » Metz, Toul et Verdun et leurs territoires, avec *une partie* » de l'Alsace, ses ministres avaient exigé de plus, un » hommage des dix villes impériales situées dans cette pro- » vince et qui n'avaient pas été cédées par le traité;

» Qu'on était convenu de remettre cette affaire à la déci- » sion de certains arbitres et que cependant les tribunaux de » Brisac et de Metz prétendaient un droit souverain et absolu » sur tous les états de l'Empire situés dans l'Alsace et en exi- » ger le serment de fidélité.

» Qu'en vertu de ce droit (prétendu), une partie des ter- » res de l'électeur Palatin, de l'évêque de Spire, du prévôt » de Vissembourg, avaient été occupées par les armes:

» Que les châteaux de Madenbourg et de *Falkenbourg* » avaient été attaqués à force ouverte et obligés de se rendre » à coups de canon.

» Que les forteresses de Hombourg et de Bitche avaient été » traitées de la même manière, quoique... etc... et n'étant » nullement de la dépendance d'Alsace, ainsi que le château » d'Oberstein, quoique non dépendant du pays Messin.

» Que ces exactions étaient directement contraires au » traité de Vestphalie qui avait été pris pour fondement de » celui de Nimègue, etc.

» Que pour ce qui était du Palatinat, on était convenu » qu'il serait restitué tout entier aux électeurs et Comtes Pa- » latins, etc.

» Qu'il en était de même des Comtes de Hanau, Nassau, » *Linanges, Dabo*, de l'évêque de Spire, de l'abbé de Vis- » sembourg et autres.

» Que l'intention des contractants ainsi énoncée, avait été » envoyée à S. M. T.-CH. au mois de Septembre 1648 » (avant le traité), confirmée par ses ministres et ratifiée » par le traité de Nimègue.

» Que le Roi l'avait si bien reconnue, que par sa réponse » aux états de l'Empire, du mois de Septembre 1665, il » avait déclaré qu'il ordonnerait à ses ministres et officiers » dans l'Alsace, de s'y comporter de telle sorte que l'Empire » n'eût pas sujet de s'en plaindre. . . . . etc.

» Que la même chose avait été répétée à la paix de Nimè- » gue; que néanmoins, les chambres de Metz et de Brisac » dont les états de l'Empire ne dépendaient aucunement, ne » laissaient pas que de vouloir être juges et parties tout en- » semble, à l'exclusion des autres contractans aux traités. »

« Le mémoire finit par déclarer que la diète donne à l'Eu- » rope entière, à juger si la prétention des chambres est » fondée, s'en remettant au reste à l'équité et justice du » Roi. »

Ce mémoire resta sans réponse pendant quatre mois, et pendant ce temps les ordres de la Cour s'exécutaient toujours par provision.

Le Roi fit cependant écrire à la diète : « qu'il ne pouvait

» imputer le contenu de sa réclamation qu'au peu de soins » qu'avaient eu les ministres envoyés de la part de l'Empire, » à Nimègue, de rendre compte à leurs maîtres des princi- » pales difficultés agitées et terminées par les traités que de » sa part il voulait observer.

» Que toutes les places et territoires occupés par son or- » dre, lui appartenaient si justement, qu'on n'en pouvait » point douter sans faire tort à la foi publique; que la der- » nière paix avait été conclue à ces conditions; qu'il avait » même poussé la bonté jusqu'à rendre plusieurs places à » l'Espagne. . . .

» Que l'Empire lui ayant cédé toutes les terres occupées » par ses gouverneurs et ses armes, il ne pouvait compren- » dre le préjudice que la diète pouvait en souffrir.

» Qu'il consentirait aux propositions d'arbitrage à lui » faites plutôt que de renouveler la guerre, si son droit » ne pouvait se défendre; mais qu'il espérait que la diète im- » poserait silence à tous ceux qui, par leurs plaintes, cher- » chaient à rompre le lien d'amitié qui avait été approuvé » de tous, par la paix. »

Cette réponse fit assez connaître que le Roi n'était pas d'humeur à se relâcher de ses prétentions.

Il y était si peu disposé, en effet, que malgré le mémoire de la diète, il s'empara encore, en 1681, de la ville de Strasbourg, en vertu d'une capitulation du 30 Septembre, à la suite de laquelle ses troupes y entrèrent.

On voit par ces pièces que l'occupation entière et sans réserve de l'Alsace était le but de Louis XIV, et qu'il n'entendait pas y souffrir d'autres places fortes que les siennes; il n'était pas nécessaire qu'elles fussent tenues par des brigands pour qu'il s'en emparât ou les détruisît.

Quoiqu'il en soit et d'après la chronique, pendant que le Comte Emich était en Allemagne, les Français, au nombre de 5 à 6000 commandés par le Baron de Monclar, envahirent le Comté de Dabo, d'après les ordres du maréchal de Créquy, ils vinrent assiéger le château et l'attaquèrent vivement. Il était défendu par 30 hommes seulement.

« Le commandant fit bonne contenance avec ses 30 hom» mes presque tous chasseurs, et il se défendit si bien, que » malgré les mines, les pots à feu et les grenades lancés » dans la place par les Français, ces derniers eurent dans cinq » jours de temps, trois chariots de blessés, qu'ils conduisirent » à Saverne.

» Les assiégés, pour toute réponse aux sommations des » Français, descendirent dans le fossé au bas du rocher, une » chèvre morte, à laquelle ils avaient attaché une quenouille » et un billet qui contenait ces mots :

« *Quand cette Chèvre filera, Dabo se rendra.* »

» Les Français continuèrent l'attaque, mais sans succès : » cependant le château se rendit, vendu par la trahison d'un » bailli qui passa de leur côté.

» Par la capitulation, la garnison devait sortir suivant les » usages de la guerre, on devait la conduire à Vasselonne, » on devait oublier tout ce que les habitants avaient pu faire » aux troupes, leur rendre ce que l'on avait pris, respecter » les propriétés du Prince; la France devait renoncer à ses » prétentions sur le Comté ainsi qu'au droit de démolir le » château et permettre d'exercer la justice comme aupara» vant.

» Mais sans égard pour cette convention, le Baron de » Monclar, s'empara de tous les objets précieux, même des » services d'argent du Duc de Créquy qui y étaient déposés » et de plusieurs tonnes d'or.

» Enfin le 3 novembre 1779, le château fut définitivement » démoli.

Cette chronique ne dit pas tout, car après la prise du château, le Baron de Monclar considérant cette position comme avantageuse, parce qu'elle tenait un des meilleurs passages entre l'Alsace et la Lorraine, voulut la faire fortifier et demanda des fonds à cet effet; le maréchal de Créquy lui-même vint la visiter, en reconnut aussi l'importance et y fit faire quelques travaux.

Ce ne fut qu'après quelques mois d'occupation, et le 3 Novembre 1679, que le château fut rasé, le Roi ne jugeant pas opportun de le remettre au Comte de Linanges.

Quoiqu'il en soit, la dévastation fut entière; l'enceinte fortifiée qui se trouvait au bas du rocher et qui occupait un assez vaste circuit, fut également détruite; le terrain n'est plus, aujourd'hui, couvert que de ronces et d'arbustes.

Tels sont les événements qui ont précédé et accompagné la destruction du château de Dabo.

Le traité de Risvick, du 30 Octobre 1697, passé entre Louis XIV et l'Empereur Léopold, maintint le Roi en possession définitive de toute l'Alsace, y compris la ville de Strasbourg.

Disons en passant, que c'est en exécution de ce traité que la Lorraine fut restituée à son Duc Léopold, successeur du vaillant Charles V, décédé quelque temps auparavant; Louis XIV, en apprenant sa mort, en fit un digne éloge en peu de mots: « C'était, dit-il, le plus grand, le plus sage » et le plus généreux de mes ennemis. »

Le traité de Bade, du 7 Septembre 1714, avec l'Empereur Charles VI, confirma de nouveau la cession de l'Alsace, qui depuis lors ne fut plus contestée.

RECONSTRUCTION DE DABO.

Il n'est pas étonnant que l'on n'ait retrouvé que très-peu de débris du château de Dabo, soit sur le rocher, soit au bas du rocher : ces débris auront roulé sans doute jusqu'au pied de la montagne dont la pente est très-rapide.

D'un autre côté, il est à présumer que pour la réédification du village, après la guerre, les habitants se seront servis de ces débris pour construire leurs maisons, à l'endroit où il se trouve aujourd'hui.

Il paraît en effet que son emplacement a été changé, et que le nouveau village a été reconstruit plus haut que l'ancien, qui était placé dans le vallon même, au bas de la montagne, car on lit dans la notice de 1671, huit ans avant la destruction du château :

« Dabo est situé *au vallon* dit Brintzthal, aboutit sur » le Comté de Opsenstein, sur l'évêché de Strasbourg, sur » le Comté de la Petite-Pierre et Vasselonne.

» Mon très-gracieux Seigneur en retire pas la moindre » chose de la dixme, excepté *de terres récemment défrichées* » *depuis le village jusqu'au château*, ce qui s'est fait depuis » le partage de 1613. »

D'après cela on peut être certain que Dabo était au pied du Schlosberg, dans la vallée même, où coule un petit ruisseau, et non à mi-côte comme aujourd'hui, car le fait que le village était ainsi placé, est prouvé par cet autre fait : qu'on avait défriché des terres entre le village et le château.

La réédification de Dabo paraît avoir été lente ; si l'on en croit Pexdilly : il n'y avait en 1764 que 40 feux ; à Valscheid 27 feux ; à Abrescheviller 30 et à Voyer 10.

Rien ne fonde l'opinion de la statistique de la Meurthe, qu'il y ait eu un autre château que celui du Schlosberg ; on ne sait sur quoi cette opinion est basée ; aucun indice chronique ou autre écrit n'existe à ce sujet.

Depuis ces événements, le Comte Emich de Linanges n'habita plus le Comté de Dabo ; on a de lui les deux concessions des usines *Georgenmühl* et *Kœppenmühl* (vallées de Dabo), datées de Francfort, du 13 Mai 1697.

Ses successeurs étaient, en 1740, les Comtes Frédéric-Magnus et Charles-Louis, qui ont signé à Turkheim et à Emischbourg, le 22 Octobre même année, le bail emphytéotique perpétuel de la scierie *Ludvigsmühl*.

Il n'existe que des documents de cette espèce, qui fassent connaître les possesseurs de Dabo dans l'intervalle de temps qui s'écoula jusqu'en 1760.

Par les pièces d'un procès qui eut lieu devant le bailli du Comté et devant le Conseil souverain d'Alsace, séant à Colmar, saisi de l'appel de la sentence du bailli, on voit qu'à cette époque de 1760, le Comte de Dabo était *Christian-Réné* de Linanges.

Il s'agissait dans la cause d'une difficulté au sujet du prix de bois de construction, délivrés en 1753, à certains habitants du Comté : les communes étaient intervenues dans cette affaire; la Cour souveraine avait ordonné une enquête, et le litige était encore indécis, lorsque quatre années après, le Comte de Linanges mourut.

Ces pièces révèlent encore que son successeur reprit l'instance en 1775; c'était *Charles-Frédéric*.

Elle n'était pas terminée, lorsque la révolution de 1789 éclata : une loi du 10 Juin 1793, renvoya les procès des communes devant arbitres, mais le séquestre national avait été mis sur les biens du Comte; les communes n'avaient plus de titres, ils étaient perdus (il paraît que les Comtes de Linanges les avaient emportés et déposés en leur château de Turkheim, avec toutes leurs archives, mais ce château fut incendié pendant les guerres), les arbitres procédèrent à une enquête sur l'étendue des droits d'usage des communes, et ce ne fut que le 17 Février 1794 que le jugement définitif fut rendu par MM. Charles Colle, Nicolas Mouton, Louis Henriet et Nicolas Lansement, arbitres désignés à cet effet.

Cette sentence arbitrale qui consacrait les droits d'usage des communes tels qu'ils résultaient des enquêtes, et à peu près tels que le titre primitif les révèle, devint plus tard sans objet, par la représentation des titres constitutifs de ces droits, comme on le verra ci-après.

Pendant le séquestre, les Comtes de Linanges habitaient l'Allemagne, et le Comté de Dabo fut régi, comme bien national, par les agents du domaine.

Par le traité de Lunéville, du 9 Février 1801, toutes

les propriétés des Comtes de Linanges, dans le Comté de Dabo, furent cédées à la France, moyennant une indemnité à régler, mais il fut stipulé que tous les droits et priviléges qui avaient été concédés par eux au profit des habitants, seraient respectés par la France, et que jamais il ne pourrait y être dérogé.

Ce ne fut cependant que par un arrêté du 20 Pluviôse an XII (10 Février 1804), que ces propriétés furent définitivement réunies au domaine national, ainsi que celles des Comtes de Linanges-Heidesheim, de Linanges-Vesterbourg (branche cadette), du Comte d'Apremont et autres, désignés en cet arrêté.

Depuis cette époque, le Comté de Dabo fut soumis aux lois françaises et administré conformément à ces lois, même sous le rapport forestier, car on y appliqua l'ordonnance de 1669, malgré les réclamations des habitants.

LOIS CIVILES DU COMTÉ DE DABO.

Après la prise de possession de l'Alsace par Louis XIV, en vertu du traité de Munster de 1648, il rendit une ordonnance au mois de Septembre 1657, par laquelle il institue un Parlement, sous la dénomination de Conseil souverain d'Alsace, devant lequel les possesseurs de fiefs relevant à l'avenir de la couronne de France, devaient lui rendre foi et hommage. Par le même édit, il ordonna l'exécution de toutes les lois et ordonnances des Empereurs et Archiducs d'Autriche, touchant l'Alsace, et maintint cette province dans tous les droits, priviléges, usages et coutumes qu'elle avait auparavant.

La réunion ne changea rien au caractère des fiefs d'Alsace, qui étaient presque tous héréditaires et transmissibles, comme s'ils étaient allodiaux.

Au reste, par une déclaration du 26 Février 1697, le

Roi se désista du droit de reversion sur tous les fiefs de cette province, à défaut d'hoirs mâles des possesseurs, et ordonna qu'eux, leurs enfants mâles ou femelles, successeurs ou ayant cause, pourraient les vendre et en disposer comme des autres biens.

Le Comté de Dabo était régi par le droit écrit et suivait les mêmes lois, usages et coutumes que l'Alsace: c'était là le droit commun, modifié seulement par la coutume de Ferrette, qui réglait le droit des époux et de leurs héritiers.

D'après cette coutume, composée d'un seul article: « Tout ce que les époux possèdent au temps de leur mariage; tout ce qu'ils acquièrent pendant qu'il subsiste, et même tout ce qui échoit à l'un ou à l'autre par succession ou autrement, entre dans cette communauté, à moins qu'un contrat de mariage ne contienne une stipulation contraire. »

» La masse de tous les biens se partage de manière que le mari ou ses héritiers en ont les deux tiers; la femme ou ses héritiers l'autre tiers. »

Cette coutume n'est point écrite, elle n'est fondée que sur un usage qui a force de loi.

Il y a, à cet égard, un acte de notoriété conforme, délivré sur la demande de la Cour d'Appel de Nancy, par la Cour d'Appel de Colmar, le 9 Fructidor an XI (27 Août 1803), rapporté au recueil des arrêts de Colmar, t. 3, p. 493.

Telles étaient les règles générales du droit public et du droit civil, avant la réunion par le traité de Lunéville de 1801, et l'arrêté de 1804.

LOIS ET USAGES FORESTIERS.

Le territoire du Comté de Dabo étant presqu'entièrement couvert de forêts, et ne présentant que très-peu de terres arables, terres du reste peu productives, les Seigneurs, pour y attirer des habitants, ont dû nécessairement chercher à leur procurer des avantages de nature à compenser le peu d'étendue et l'infertilité d'un sol composé de sable; les moyens les plus naturels se trouvaient dans la localité et sous leur main: c'était de leur fournir des bois de chauffage, dans ce pays froid et couvert de neige pendant près de six mois de l'année; des bois à mettre en œuvre par le travail et par l'industrie, et surtout des pâturages suffisants pour faciliter l'élevage de bestiaux propres à les nourrir de leurs produits et de leur chair; ces moyens offraient la possibilité de subsister passablement dans un pays de montagnes: ils ont été employés.

D'un autre côté, en percevant une rétribution, quoique faible, en retour de ces avantages, les Comtes de Dabo se créaient des revenus, et tiraient ainsi parti de leurs vastes forêts.

Le titre du 27 Juin 1613, réunit ces conditions; il constitue encore aujourd'hui la charte du Comté: ce titre, c'est la vie des habitants et de leur famille.

On a vu qu'en l'année 1794, les communes ne possédaient point d'actes écrits propres à la constatation de leurs droits d'usage; les seigneurs avaient emporté leurs titres originaux ou copies; ceux des communes avaient été détruits ou perdus, dans les changements, alors si fréquents, d'administrations municipales, d'ailleurs peu soigneuses; la commune de Dabo ne possédait même plus la copie et translat en français du titre de 1613, qui avait été faite et remise à Joseph Anstet, son maire, par Billaudet, notaire-greffier au bailliage du Comté, le.... Août 1789, ainsi que le prouve une copie de ce translat qui existe encore; cependant il fallait produire des titres au conseil de préfecture, pour faire reconnaître les droits des habitants dans les forêts, en exécution des lois sur la matière, sous peine de déchéance.

C'est pour remédier à ce danger, qu'une députation d'habitants furent envoyés en 1807, à Mosbach, près du Prince régnant de Linanges, pour le prier de leur faire remettre les copies dont ils avaient besoin; sur l'ordre du Prince, copie du titre de 1613 fut expédiée, mais son conseiller intime délivra aussi une attestation, datée du 1er Juin même année, portant: « que par l'incendie du château de » Turkheim, arrivé en 1794, les archives de S. A. avaient » beaucoup diminué, et qu'elles étaient devenues fort dé» fectueuses, tout ce qui n'en a pu être sauvé à la hâte » auparavant, étant devenu la proie des flammes, ce qui » rend indubitable que les titres non produits à la préfec» ture du département de la Meurthe, à défaut de leur » existence, et relatifs aux domaines ruraux, rentes, pres» tations foncières et forêts du Comté de Dabo, étaient du » nombre des papiers qui ont subi ce sort fâcheux. »

Cette attestation est signée : « Schmitz, conseiller intime » de son Altesse Sérénissime Monseigneur le Prince de Li» nanges, Comte Palatin de Mosbach; Comte de Durn, » Seigneur de Mittenbourg. »

Au surplus le Prince fit envoyer à la préfecture de la Meurthe, tous les autres papiers échappés aux flammes, c'est ce qui résulte des arrêtés du conseil de préfecture, des 12 Septembre 1809 et 17 Mars 1810, qui maintiennent les communes dans leurs droits d'usage dans les forêts du Comté, en suite de la production de l'acte de 1613.

Les députés rapportèrent encore différents titres portant concession de terrains ou de scieries à des particuliers, ainsi que celui de la forge d'Abrescheviller.

Il n'est donc pas exact de dire, avec la statistique de la Meurthe, que ces titres ont été recueillis par M. Boyé, car il n'est venu dans ces contrées qu'après 1830.

C'est l'acte du 27 Juin 1613 qui régit entièrement les droits des habitants ; quant à ceux du 1er Mai 1614 et 8 Septembre 1628, ils ne sont pas appliqués et ne sont considérés, ainsi que nous l'avons dit plus haut, que comme règlements de police forestière, ou comme dispositions ne pouvant pas déroger au titre fondamental.

ACTE DU 27 JUIN 1613.

Par cet acte, les deux frères Jean-Louis et Philippe-Georges annoncent qu'ils ont l'intention de partager le « Comté de Dabo, composé, disent-ils, des villages et ha- » meaux de Dabo, Valscheid, Abrescheviller, Engenthal, » Voyer, Obersteigen, Hohengœfft, Vangenbourg et Hesse. »

Aujourd'hui, les seules communes usagères sont Dabo, Valscheid, Abrescheviller, Voyer et Engenthal, auxquelles on a joint Hommert, créé par le Comte Philippe-Georges, de 1613 à 1671, et Harrberg, créé par suite de l'édification de la verrerie, dont la concession a été faite à Heidesheim, le 9 Novembre 1723.

Les autres communes, savoir : Hesse, Obersteigen, Vangenbourg et Hohengœfft, désignées au titre, ne jouissent plus d'aucuns droits d'usage, et paraissent en avoir encouru la déchéance, faute par elles de les avoir fait reconnaître par les conseils de préfecture compétents, dans les délais accordés par les lois sur la matière.

Cette déclaration de 1613 s'exprime de la manière suivante :

« Nous soussignés, Jean-Louis et Philippe-Georges, » Comtes de Linanges et de Dabo, Seigneurs d'Apremont » et autres lieux, dans l'intention de procéder incessamment » au partage en deux lots, de toutes les propriétés du Comté » de Dabo, qui consistent en terres labourables, prés, jar- » dins, vergers, forêts, étangs, château, maison, rentes » foncières, revenus fixes et casuels, impôts et autres pro- » duits dudit Comté de Dabo, qui est composé des villages » et hameaux suivants, savoir :

« Dabo, Valscheid, Abrescheviller, Engenthal, Veyher, » Obersteigen, Hohengœfft, Vangenbourg et Hesse, nous » sommes convenus du présent règlement forestier, afin » d'assurer aux sujets du Comté les droits usagers qu'ils » exercent dans l'étendue de nos forêts, droits dont ils jouis» sent depuis plusieurs siècles, en vertu des concessions » qui leur ont été faites par nos ancêtres, et afin qu'ils ne » puissent de leur côté rien opposer ou refuser des droits » et prestations auxquels ils sont assujettis, pour raison » desdites concessions forestières, lequel règlement sera » exécuté par nous, nos successeurs ou ayant cause, à » compter de ce jour, sans que jamais il n'y puisse rien y » être changé, à moins que nos sujets ne se refusent à nous » payer et livrer les droits et redevances qui en sont le » prix, ce qu'arrivant, il nous sera libre de les y forcer par » voie de justice, toutefois après avoir fait constater leur » refus.

» Nous nous obligeons en conséquence, sous la foi du » serment que nous prêtons, d'exécuter et faire exécuter le » présent, que nous signons et scellons de nos armes, pour » en assurer l'authenticité. »

Les Comtes de Dabo reconnaissent eux-mêmes combien ce pays est insuffisant pour fournir la subsistance des habitants, car ils disent, article 2 :

« Persuadés que nos habitants et sujets ne se procurent » la subsistance pour eux et leur famille que du produit de » nos forêts, il est aussi de notre devoir, et en bons Sei» gneurs, de leur en assurer la durée. »

La première condition requise pour participer aux droits d'usage en question, c'est d'être *Bourgeois;* un étranger n'obtenait le droit de s'établir dans le Comté qu'avec la permission du Seigneur ou de ses conseillers, et en payant un droit de 15 florins.

Le maire est chargé, comme encore aujourd'hui, de dresser tous les ans l'état des bourgeois et celui des bois à leur délivrer (art. 2 *bis.*)

Une sollicitude pour ainsi dire paternelle, règne dans l'ensemble du titre, mais particulièrement dans les articles 3 et 4.

Les Seigneurs s'interdisent de faire des coupes de bois dans les sapinières et parties de bois d'essences diverses ; s'il y a là, des pins ou des sapins, ils veulent qu'alors l'exploitation se fasse en jardinant : « attendu, disent-ils, que » le sol de ces forêts n'est propre qu'à la reproduction » de ces dernières essences de bois, et qu'en y établissant » des coupes, ce serait ruiner notre domaine et ôter tous » moyens d'existence à nos sujets. »

Si l'on fait des coupes dans les cantons où les essences de bois le permettent ; si l'on fait un jardinage ou un nettoiement, ils ajoutent : « comme nos habitants et sujets » *n'ont pas de terres en suffisance pour se procurer de* » *quoi vivre et leur famille* toute l'année, que nos forêts » seules peuvent y suppléer, et pour adoucir, autant que » faire se peut, leur sort, nous leur accordons le droit » exclusif d'acheter le bois, et la corde leur sera délivrée sur » le pied de un florin, un florin et demi, deux florins » ou deux florins et demi, suivant la nature et qualité du » bois. »

Vers l'année 1830, le domaine avait cru pouvoir faire des coupes et les mettre en vente par adjudication publique *aux enchères*, mais les communes s'y sont opposées, et par un arrêt de la Cour d'Appel, du 30 Juillet 1836, ces coupes ont été interdites ; en tous cas, le droit d'en payer le bois au prix fixé par l'article ci-dessus, a été maintenu aux usagers, à moins qu'il ne se trouve point d'acheteurs.

Le bois de chauffage leur est assuré par l'article 12, à charge de le payer *à l'estimation des forestiers :* on délivre annuellement 8 stères aux ménages ordinaires, et 12 stères aux gros ménages.

Les habitants, se plaignant du prix élevé de ce bois, ont prétendu qu'il devait leur être vendu au taux fixé par l'art. 4, pour le cas de coupes, mais leur prétention a été repoussée par un jugement du 7 Juillet 1842, et par un arrêt de la Cour du 15 Juin 1844, qui ont décidé que l'art. 4 n'était applicable que dans le cas où le domaine ferait des coupes pour en vendre le bois dans le commerce, et non au cas de celles qui sont faites annuellement pour les usagers, le prix de ces dernières étant laissé *à l'estimation des forestiers* par l'art. 12.

Le bois de construction et de réparation leur est aussi accordé, sur la présentation d'un devis, à charge de l'employer à l'usage indiqué (art. 11.)

Des bois de travail pour confection d'échalas, cuveaux, pelles et sabots, sont accordés aux ouvriers en bois par l'art. 11, « de manière qu'ils en ayent suffisamment pour » les ouvrages en bois qu'ils travaillent, à charge d'en payer » le prix suivant l'estimation des forestiers, et de plus un » *crochen* pour la marque par arbre (10 centimes.)

Les ouvriers se plaignent amèrement du prix élevé qu'on exige pour ces arbres, qu'ils sont néanmoins forcés de prendre par nécessité : on leur délivre ordinairement cinq arbres.

Ils ont *gratis* le mort bois et le bois mort, mais les chablis leur sont vendus au prix des bois ordinaires (art. 10.)

Enfin, ils ont une année pour l'extraction de ces bois hors des forêts, et pour le payement du prix.

Quant au pâturage pour les bestiaux et à la glandée pour les porcs, ce droit leur est accordé par les articles 5 et 8, à charge de payer, pour la glandée, un *demi batz* (7 centimes) par porc.

Tels sont les droits généraux des habitants du Comté qui sont reconnus *bourgeois*, et dès-lors usagers.

Mais ceux de Dabo et d'Engenthal ont en outre un privilége spécial et particulier, c'est celui d'obtenir tous les ans des bois qu'on appelle *bois bourgeois ;* chaque chef de ménage reçoit 8 arbres de sapin, et les veuves 4 arbres, chaque enfant qui s'établit reçoit pareille quantité ; le tout moyennant 7 schellings par arbre (art. 9.)

Le domaine avait pensé que ces huit arbres ne devaient être délivrés qu'à ceux des usagers qui demeuraient dans les villages mêmes de Dabo et d'Engenthal, à l'exclusion de ceux qui habitent des écarts de ces communes, surtout si la création de ces écarts ne datait que depuis 1613; mais cette prétention a été repoussée par plusieurs jugements et arrêts ; il en a été de même de la prétention de ne rien délivrer aux enfants naturels reconnus.

Tous ces droits généraux et particuliers sont acquis à chaque usager, suivant la commune qu'il habite, c'est-à-dire, à tous ceux qui sont *bourgeois, descendants de bourgeois, établis et tenant ménage, filles ou garçons.*

Toutefois, si la fille épouse un étranger non admis, elle ne transmet pas son droit à son mari, elle le perd: c'est ce qui a été décidé par un arrêt de la Cour de Nancy, du 3 Août 1839.

En exécution d'un arrêté préfectoral du 10 Février 1817, il a été dressé un état général des usagers existants au 1er Février 1793, et de leurs descendants mariés et établis depuis lors; tous ceux qui n'y ont pas été portés étaient considérés comme étrangers; mais un arrêté ministériel du 29 Novembre 1822, a donné quelqu'extension à cet état, en autorisant à y porter ceux qui étaient domiciliés dans le Comté jusqu'au 10 Février 1817, à charge par ceux qui ne l'avaient pas fait encore, de payer le droit de bourgeoisie de 15 florins (30 francs.)

Depuis lors, aucun étranger n'est plus admis aux droits d'usage, quoique établi dans le Comté.

Aujourd'hui, les seuls usagers sont ceux qui sont portés sur ces états, et leurs descendants mâles, remplissant les conditions de domicile et de tenue de ménage.

Toutefois, il existe encore quelques contestations au sujet de ceux qui n'étaient pas portés sur la première liste, ou qui ne justifient pas être descendants d'usagers, au 1er Février 1793.

Ces contestations portent aussi sur ceux des étrangers qui ont épousé des filles d'usagers, et n'ont d'autre titre que celui-là, quoiqu'ayant en leur faveur des arrêtés d'admission.

En considération des bois délivrés gratis, les usagers doivent payer, le 11 Novembre de chaque année, 2 florins 1/2 par chaque père de famille (5 francs), 1 florin 1/2 par cheval ou bête à cornes, et la valeur d'une poule, fixée à 2 schellings (14 centimes.)

Pour l'intelligence de la valeur de ces rétributions, fixées par le titre de 1613, il faut savoir que les mesures et les monnaies du Comté de Dabo étaient celles d'Alsace, ainsi :

1 florin ou 1 goulden valait 2 francs.		
3 schellings	»	20 centimes.
1 batz	»	13 1/2.
3 pfênnings	»	05.
1 crochen	»	10.

Telles sont les valeurs indiquées dans le titre.

Le domaine perçoit les redevances sur le pied de conversion ci-dessus, soit des usagers, soit des concessionnaires qui ont des titres spéciaux pour terrains ou usines, avec charge des cens annuels qui y sont indiqués dans les monnaies dont s'agit.

SCIERIES.

A l'époque du titre de 1613, il existait déjà nombre de scieries autorisées par les Princes, pour la fabrication des planches, ainsi que cela est annoncé par ce titre même, art. 16.

Ces scieries avaient été concédées par baux emphytéotiques perpétuels, mode usité en Alsace, pays régi par le droit romain.

Les Comtes firent encore nombre de concessions semblables; c'était un des puissants moyens d'employer les bois de ces immenses forêts et d'appeler l'industrie chez eux. C'est ainsi que s'établirent les scieries sur les cours d'eau de leurs vallées : il en existe 9 dans celles de Dabo, sur les ruisseaux qui vont, plus loin, former la Zorne; 7 dans les vallées de Valscheid, aux sources de la Bièvre; et 10 dans les vallées d'Abrescheviller, sur la Sarre-Rouge.

Par chaque concession, le Seigneur se réservait ordinairement le quart de la scierie et une redevance annuelle pour le surplus: mais il s'obligeait à fournir un certain nombre d'arbres pour l'exploitation de l'usine, et à donner aux preneurs le bail du quart qu'il se réservait, avec autant d'arbres qu'au surplus; au total 72 arbres, dont 54 aux preneurs, et 18 pour son quart.

Chaque scierie est divisée en 24 *jours* : ce mot *jour* n'est ici qu'une dénomination de convention, et ne signifie pas un jour de 24 heures, ni le droit de scier pendant 24 heures; il constitue seulement une division du droit en 24 parties égales dont le Seigneur garde le quart, ou 6 jours : cette part s'appelle *les 6 jours seigneuriaux.*

Presque chaque scierie a un règlement différent, qui fixe le nombre de planches à scier *par jour de scierie.*

Les 72 arbres affectés au roulement de la scierie, par l'acte de concession, se nomment *les arbres de compétence.*

Le domaine met encore aujourd'hui en adjudication, entre les propriétaires, le bail des *six jours seigneuriaux*, et ce bail emporte avec lui le droit de recevoir les *arbres de compétence* qui y sont attachés.

L'art. 16 du titre fondamental s'exprime ainsi :

« Les scieries qui se trouvent établies, comme celles que » nous pourrons établir par la suite, étant divisées en 24 » journées, et chaque journée devant recevoir trois arbres » de sapins vifs, aux prix fixés par les titres d'établisse- » ment, continueront à recevoir le même nombre d'arbres.

» indépendamment de ceux viciés, que nos forestiers pour- » ront leur délivrer dans la proportion des journées dont » nos sujets pourront être propriétaires, et à payer d'après » leur estimation.

» Et comme par les titres nous avons spécifié, et nous » spécifierons que nous nous réservons six jours par chaque » scierie, que nous pourrons donner à titre de bail emphy- » téotique ou temporaire, au prix qu'il nous plaira, nous » accordons la préférence aux propriétaires des 18 autres » jours..... »

Indépendamment des 3 *arbres de compétence* ci-dessus, et afin qu'elles puissent marcher au moins une partie de l'année, on délivre encore aux scieries des arbres viciés et des chablis, à prix d'estimation, c'est ce que l'on appelle *arbres d'extrà.*

Les 18 jours d'une scierie sont rarement la propriété d'un seul, ils appartenaient ordinairement à 18, 20 et 30 individus.

Ce sont eux-mêmes qui font l'extraction des arbres de la forêt, la conduite, le transport, le sciage des tronces jusqu'aux scieries, celui des planches hors du Comté.

Les tronces sont réduites en planches par une scie mue par l'eau, sous la surveillance d'un préposé commun, qu'on appelle *le ségard,* qui reçoit 3 francs 25 centimes par cent de planches.

Le bénéfice des exploitants est bien mince; il se borne à 20 ou 30 centimes par journée (journée de manœuvre), d'un travail rude et pénible; ce salaire est sans doute encore exagéré, car le Maire de Dabo n'estime le bénéfice annuel d'un jour de scierie (1/24) qu'à 50 ou 60 francs, à cause de l'élévation du prix des arbres, des redevances à payer, des contributions, des frais de sciage, des coûteux frais d'extraction et de transport, et de l'entretien de la scierie.

Un arrêté ministériel du 29 Novembre 1822, avait apporté des changements et des modifications au mode d'exploitation des scieries, au nombre d'arbres à délivrer et aux prix de ces arbres; mais cet arrêté a été annulé dans certaines parties, sur la demande des communes, par une ordonnance royale du 2 Septembre 1824.

Il a enfin été rapporté entièrement par un arrêté ministériel du....., qui a remis le titre de 1613 en vigueur.

Cependant, de nouvelles difficultés se sont renouvelées en 1836, pour les mêmes causes et de plus, en raison de la grosseur des arbres et du mode d'adjudication des *six jours seigneuriaux*, dont la préférence était dûe aux propriétaires des 18 autres jours.

Ces difficultés ont été tranchées par un arrêt de la Cour d'Appel de Nancy, du 6 Juillet 1838, qui maintient le droit de préférence, déclare que le prix des arbres des deux scieries *Oberhutenbach* et *Unterhutenbach*, restera celui qui est fixé par leurs titres mêmes, et que pour les autres scieries dont le titre ne fixe pas le prix, il sera moitié de la valeur des bois, partant du taux du commerce de la localité, et que les arbres devront avoir au moins 1 mètre 60 cent. de tour à un mètre du sol; l'arrêt déclare au surplus que la délivrance d'arbres viciés sera subordonnée à la possibilité de la forêt.

NOMBRE DE SCIERIES.

Les scieries des vallées de Dabo sont les suivantes :

1° Kœppenmühl; 2° Hartenbourg-Herrenmühl; 3° Falkenbourg-Herrenmühl; 4° Georgenmühl; 5° Frédéricsmühl; 6° Unterste-Dagsbourgmühl; 7° Oberste-Schleifmühl; 8° Unterste-Schleifmühl; 9° Beckenmühl.

Les scieries des vallées de Valscheid sont :

1° Obersohrmühl; 2° Oberhutenbach; 3° Altenmühl; 4° Kaltenbach; 5° Pierronsmühl; 6° Meyersmühl; 7° Ludvigsmühl; 8° Unterhutenbach.

Les scieries des vallées d'Abreschviller sont :

1° Frentzel; 2° les Trois-Scieries; 3° Charlot; 4° Scierie-

Brûlée ; 5° Jacques-Laval ; 6° Jean-Mougelot ; 7° Sayotte ; 8° Soldatenthal ; 9° Hantzoury ; 10° Dunkelbach.

Total : 27 scieries.

OBSERVATIONS.

Les anciens regrettent toujours les temps antérieurs, chacun le sait : les anciens de Dabo sont de même :

Autrefois, disent-ils, et sous les Comtes de Linanges, les délivrances de bois de chauffage étaient suffisantes et à bas prix, les *ouvriers* payaient *aussi à bas prix* le bois qu'on leur délivrait pour le travailler ; les scieries recevaient chacune 72 arbres de sapins vifs et autant de sapins viciés ou de chablis, ce nombre n'était pas disputé, ou enfin, on payait un prix modéré ; la quantité et l'étendue des cantons de bois ouverts à la pâture des bestiaux, le parcours qu'on obtenait pour les porcs, pendant toute l'année, dans les bois de 80 à 120 ans, ce qui ne nuisait pas à la forêt, étaient pour les habitants la plus précieuse ressource ; ils pouvaient subsister, et les jours de fête, se donner un morceau de viande fumée. Les délits forestiers, surtout ceux commis par une bête échappée du troupeau, n'étaient punis que d'une faible amende, au-dessous même de celle qui est fixée par les titres.

Aujourd'hui, disent-ils, tous ces droits sont réduits ou anéantis ; on ne leur délivre pas de bois de chauffage en suffisance, on refuse aux scieries les 72 sapins viciés ; le prix des arbres, qui est laissé à l'estimation des forestiers, est excessif, sans égard à la difficulté de l'extraction et des transports souvent lointains et toujours dans des localités difficiles et dangereuses ; on fait payer des prix excessifs pour les bois de travail, ce qui frappe le pauvre ouvrier ; on n'ouvre pas assez de cantons à la pâture, le parcours des porcs est limité à peu de mois ; on refuse de laisser ramasser les feuilles mortes, qui servaient de litière aux bestiaux, dans un pays où il n'y a point de paille : les habitants ne peuvent donc plus ni élever, ni entretenir des bœufs pour le transport des bois, arbres et planches, des vaches pour en obtenir le lait et les élèves, ni des porcs pour en tirer quelque graisse pour cuire leurs aliments, ce qui faisait leur principal bien-être. D'un autre côté, on a appliqué l'ordonnance de 1669, et frappé de 40 francs de peines les délits de pâturage par pièce de bête, outre les frais, aujourd'hui on applique le code forestier : de tout cela sont sorties la misère et la détresse !

Il ne nous appartient pas d'apprécier le mérite des plaintes que nous rapportons, non plus que le mérite des changements que l'autorité a pu faire dans l'administration des forêts du Comté de Dabo.

Ces changements ou restrictions ont sans doute pour cause la possibilité de ces forêts et leur conservation dans un état qui permette de continuer pour l'avenir, le service et la délivrance des bois destinés aux usagers, dont le nombre est bien plus considérable aujourd'hui qu'autrefois : or, *cette possibilité des forêts* est la règle la plus impérieuse.

D'un autre côté, le code forestier a posé des règles générales, et le Comté de Dabo n'en a pas été excepté.

C'est à l'autorité supérieure à voir s'il ne serait pas possible de concilier ces plaintes avec les rigueurs de la police forestière, dans un pays réellement exceptionnel : peut-être pourrait-elle efficacement concourir à l'amélioration immédiate du sort de ces habitants, en diminuant le prix des bois de travail et en accordant la faculté du pâturage et du parcours pendant une bonne partie de l'année, dans les bois âgés ; l'ouvrier pourrait gagner sa vie, et tous pourraient alors entretenir des troupeaux et principalement des porcs ; alors aussi revivrait pour eux le principal moyen d'alimentation de leurs familles ; et si dans certaines années les produits de leur triste sol venaient à manquer, au moins trouveraient-ils cette seconde et si précieuse ressource : un département tout entier et eux-mêmes n'auraient pas à gémir de leur misère absolue.

Du reste, nous n'exprimons là qu'une simple idée, dont le mérite pourrait se justifier par une enquête.

Pour être véridiques, nous devons dire que nous tenons d'anciens gardes généraux au service des Comtes de Linanges, d'anciens habitants ayant vécu de leur temps, que ce n'est que depuis 1817 qu'on a interdit le parcours des porcs, pendant toute l'année, dans des bois de 80 à 120 ans, et restreint le pâturage pour les autres bestiaux.

Il appartient à un pouvoir protecteur et réparateur, de permettre le retour à ces anciens usages, dans cette contrée exceptionnelle sous tous les rapports, et de faire ainsi renaître, sinon l'abondance, au moins une meilleure existence; car aux yeux de tous, c'est l'ouverture du parcours qui est la vie de cette contrée, et sa seule ressource dans les temps d'infertilité de la terre; si enfin on fait une réduction dans le prix des bois, on aura, par ces deux moyens, fait un grand pas pour la prospérité de ce pays. (*)

AUTRES ÉTABLISSEMENTS INDUSTRIELS.

Les mêmes raisons qui déterminèrent la concession de scieries avec les bois propres à les employer, existaient pour l'établissement d'autres usines sur les cours d'eau qui étaient susceptibles d'être utilisés : le Seigneur y trouvait l'emploi des bois des forêts de son domaine.

C'est ainsi que par bail emphytéotique du 4 Octobre 1624, la construction d'une forge fut autorisée à Abres-

(*) Nous apprenons que déjà l'Administration ouvre des cantons au parcours, pendant tout le temps que les forêts sont praticables à la pâture.

cheviller, à charge de prendre, *à un prix modéré*, dans les forêts du Comté, les bois nécessaires à son alimentation.

En 1840, il s'éleva des difficultés avec le domaine, au sujet du droit de prendre ces bois, et au sujet du prix à payer; mais elles furent tranchées par un arrêt de la Cour d'Appel de Nancy, qui maintint le droit et régla le mode de fixation de ce prix modéré.

C'est encore dans le but indiqué ci-dessus que fut autorisée la verrerie de Harrberg, dont nous avons parlé plus haut, en nous occupant de la création du village de ce nom; c'est par un bail à ascensement perpétuel et héréditaire que cette concession fut faite, et à charge d'un cens annuel de 200 florins.

Les Comtes de Linanges autorisèrent encore la création d'une verrerie à Soldatenthal, et d'une papeterie à Abrescheviller, sous certaines redevances; mais ils ne s'obligèrent à délivrer des bois pour leur roulement que pendant un temps limité, et à des prix déterminés: ce temps a expiré vers l'année 1830. Ces usines ne reçoivent plus de bois, et aujourd'hui la verrerie de Soldatenthal est supprimée. Enfin, plusieurs moulins et tuileries ont aussi été créés sous leur autorisation, dans l'étendue de leurs domaines.

Tel est l'état industriel du Comté.

NOMBRE DES USAGERS COMPARATIVEMENT A LA POPULATION.

On a vu qu'il y a dans le Comté: 27 scieries, une verrerie, une forge, une papeterie et quelques moulins à farine.

Ces 27 scieries donnent bien, à ceux qui en sont propriétaires, quelques moyens de subsistance de plus qu'aux simples usagers qui n'en ont pas, ce qui ne veut pas dire qu'ils soient dans l'aisance.

Les autres usines: verrerie, forge, papeterie et moulins,

donnent aussi à leurs exploitants, des ressources que n'ont pas les autres.

Mais il reste un nombre considérable de ces simples usagers, réduits à la faible quantité de bois de chauffage qu'on leur donne; des ouvriers réduits à quelques arbres de bois de travail qu'on leur délivre en payant, et tous, traités sur le même pied quant aux cantons et au temps de pâturage pour leurs bestiaux; on conçoit dès lors que ces moyens ne suffisent pas à leur existence, puisqu'ils ont très-peu de terres arables, s'ils n'ont pas des moyens de travail de nature à leur faire gagner quelque argent, pour compléter leur plus simple nécessaire.

Si ceux-là sont dans le besoin, surtout dans des années peu productives, comme depuis la maladie des pommes de terre, leur premier et pour ainsi dire leur unique aliment; si le commerce des planches vient à languir par quelque commotion politique ou commerciale, comme en 1848, leur sort est déplorable; mais à côté d'eux quel est le sort de ceux qui ne sont pas usagers, et ne reçoivent absolument rien des forêts? Pour ceux-là, c'est la misère avec toutes ses horreurs!

Or, leur nombre est considérable, ainsi qu'on va le voir par le tableau suivant, *pour le département de la Meurthe:*

COMMUNES.	POPULATION.	NOMBRE de feux.	USAGERS.	FEUX ne recevant rien.
Dabo	2258	500	436	64
Abreschviller	2082	433	307	126
Valscheid	1937	414	370	44
Voyer	745	176	108	68
Hommert	665	120	108	12
Harrberg	316	64	46	18
	8003	1707	1375	332

Le tableau officiel ci-dessus, présente une population moyenne de 4 habitants 7/10 par feu.

Il nous donne donc 6462 habitants à l'état de végétation et de malaise continu, ci........................ 6462

Et une autre population de 1560 habitants, sans aucun moyen d'existence........................ 1560

Égal à la population, sauf la fraction... 8022

Cette population a donc besoin de quelque amélioration dans son sort, et si, comme on le pense assez généralement dans l'arrondissement, la faculté de tenir des bestiaux et un prix modéré des bois ont été un moyen favorable dans le temps, ils en seraient encore un aujourd'hui.

INDUSTRIE NOUVELLE.

Touchées du sort malheureux de la population de Dabo, plusieurs personnes de l'arrondissement de Sarrebourg ont imaginé d'introduire une industrie nouvelle dans cette commune : c'est la fabrication de petits ouvrages en bois et la sculpture de joujoux d'enfants, dans le genre de ceux de Nuremberg, travail auquel on habituerait les enfants qui, dans la suite, transmettraient à leurs successeurs cette industrie, qui pourrait prospérer dans un département où elle est étrangère.

Une souscription a été ouverte à cet effet, et c'est avec bonheur qu'on y voit figurer M. le Président de la République.

A son passage à Sarrebourg, le 23 Août 1850, le projet écrit lui en fut soumis.

L'auteur de la présente notice faisait partie du conseil municipal de la ville, qui lui avait été présenté ; c'est à lui-même qu'il fit l'honneur de demander des explications sur l'objet de la demande, la nature et le genre d'industrie qu'on voulait introduire à Dabo.

Ces explications, qu'il eut la bonté d'écouter avec son attention ordinaire et avec un intérêt marqué, furent saisies avec rapidité et parurent le satisfaire : « Bien, bien, dit-il, » je comprends parfaitement, je verrai la pétition et je me » ferai un plaisir de concourir au but qu'on se propose. »

En effet, peu après son retour à Paris, ce Prince souscrivit personnellement pour une somme de 5000 francs, et son ministre envoyait une autre somme de 500 francs de la part du gouvernement, ne pouvant alors disposer d'une plus forte sur les fonds du budget.

La population bénit son puissant protecteur et la main généreuse qui répand ainsi des bienfaits sur son passage.

Ce secours providentiel, comme tout ce qui émane de ce Prince, permit de faire venir à Dabo, un maître et un contre-maître habiles dans la partie ; depuis lors, des ateliers de fabrication sont ouverts à la jeunesse du Comté ; les produits qui en sortent trouvent déjà quelques placements dans le commerce, et l'on peut espérer que bientôt ils rivaliseront avec ceux des autres fabriques.

C'est ainsi que le Comté de Dabo a été doté d'une industrie qui utilise une fois de plus, les bois de son sol, et que la nouvelle génération devra un avenir meilleur au si généreux et si bienfaisant concours du Prince Louis-Napoléon.

Les habitants de Dabo rediront bien souvent le passage de ce Prince et ce souvenir leur sera toujours présent.

C'est M. Houpert, ancien conservateur des hypothèques, qui est l'actif et bienveillant patron de ce nouvel établissement, surveillé par M. Klein, curé de Dabo.

Telle est la situation matérielle et industrielle du Comté de Dabo.

RELIGION ET LANGAGE.

Les habitants du Comté professent la religion catholique, cependant les Comtes de Linanges avaient embrassé le culte luthérien ; quoiqu'il en soit, cette circonstance n'a pas influé sur l'esprit religieux du Comté de Dabo.

Dans les communes de Dabo, Valscheid, Harrberg, Hommert et Engenthal, on ne parle que la langue allemande; mais c'est un allemand corrompu.

Dans les communes d'Abreschviller et Voyer, les habitants s'expriment en français et patois français.

JUSTICE.

Avant la révolution de 1789, il y avait un bailli à Dabo, et un greffier qui était notaire-tabellion.

Le notariat, transféré à Harrberg en 1790, y est resté jusqu'en 1808, puis enfin supprimé.

Les minutes de ce notariat sont en l'étude de Me Girard, notaire à Sarrebourg.

L'appel des sentences du bailliage était porté au Conseil souverain d'Alsace, séant à Colmar.

CHAPELLE ST-LÉON, DE DABO.

La plate-forme de la roche du Schlosberg est restée chargée de quelques décombres jusque vers l'année 1826; à cette époque, M. de Forbin-Janson, évêque de Nancy, étant à Dabo en tournée pastorale, engagea les habitants à construire une chapelle sur cette roche même, et à la dédier à saint Léon; ils y consentirent et il y contribua largement de ses deniers.

Cette construction offrit beaucoup de difficultés; mais elles furent surmontées par le zèle des habitants.

Le rocher s'élève à environ 30 mètres au-dessus de la crête de la montagne, il était inaccessible sans échelles.

Il fallut donc appuyer le flanc d'un escalier en pierres

brutes contre le flanc du rocher, afin d'avoir un accès passable, c'est ce qu'on fit; après cela, on fut forcé de porter sur la plate-forme, une à une et à bras d'hommes, toutes les pierres, les bois et les matériaux nécessaires à la construction de la chapelle.

M. de Forbin-Janson en posa la première pierre.

L'on ne peut qu'admirer le courage et la bonne volonté manifestés par les habitants dans cette remarquable circonsconstance.

La statue de Léon IX (saint Léon), fut placée au-dessus de la porte d'entrée de cette chapelle: c'était là le lieu de sa naissance.

M. de Forbin-Janson vint la bénir.

Toute la population des environs s'empressa d'assister à cette cérémonie.

Monseigneur l'évêque, sorti de l'église paroissiale de Dabo, précédé et suivi d'un nombreux clergé et de cet immense concours d'habitants, monta, en procession solennelle, jusqu'au rocher et en consacra la chapelle.

Il fit ensuite une courte allocution traduite en allemand par M. Klein, curé du lieu; après quoi, du haut de ce rocher, tourné vers Dabo, ayant en face la plaine des environs de Sarrebourg, à droite la vue de Phalsbourg, et des autres parts de sombres forêts et des vallons, au milieu d'un solennel et religieux silence, il fit descendre la bénédiction du Saint-Sacrement sur tout ce peuple couvrant les flancs de la montagne, à genoux et prosterné sur ce sol qui rappelait tant de souvenirs..... Ce spectacle était aussi touchant qu'imposant et majestueux: c'était la bénédiction *Urbi et Orbi!*.....

Depuis cette époque, M. le Curé de Dabo célèbre la messe le samedi dans cette chapelle, et bon nombre d'habitants et d'étrangers vont y assister.

CHAPELLE S^T-LÉON, DE VALSCHEID.

Il y a en vue de Valscheid une petite montagne appelée *le Durrenberg*, dont la tête et le versant du côté du village, sont aujourd'hui divisés par le cadastre, en deux cantons de terre, l'un appelé Leonsberg, l'autre appelé Durrenberg; ils sont donc contigus.

Sur la partie extrême du Leonsberg donnant sur le village, il existe un rocher faisant cap, présentant une élévation assez considérable et perpendiculaire : c'est sur ce rocher qu'existait jadis une chapelle, dont les ruines bien reconnaissables se voyaient encore vers 1840; elle dominait la vallée dans laquelle se trouve le village; quelques autres ruines se faisaient aussi remarquer.

Ce lieu avait nom Saint-Léon: c'est dans cette chapelle que, d'après la chronique, le Pape Léon IX a été baptisé.

Les habitants de Valscheid ont relevé cette chapelle, et aujourd'hui on y célèbre le culte.

M. de Beaulieu, archéologue, qui a décrit les antiquités du Comté de Dabo, dit à ce sujet, que là, sur le Leonsberg (montagne de Saint-Léon), « s'élevait l'ancien château » des Comtes de Dagsbourg et d'Egisheim, qui vit naître » le Pape Léon IX; que comme un grand nombre de pé- » lerins s'y rendaient tous les ans pour implorer la protec- » tion du saint, les Comtes de Linanges y firent bâtir une » chapelle sous son invocation, qu'elle fut brûlée vers le » milieu du XVIe siècle, mais que ses restes sont encore » debout..... que les débris du château ont disparu, à l'ex- » ception de quelques gros murs dont on peut suivre la » trace; que sur le plateau de la montagne il y avait un » mur épais servant de rempart, etc..... »

Quelle que soit l'opinion de M. de Beaulieu sur l'existence d'un ancien château et d'une chapelle sur le Leonsberg, nous allons rapporter ce qu'en dit la notice de 1671, qui n'est pas du tout d'accord avec lui; elle s'énonce ainsi :

« CHAPELLE DE DURRENBERG. — *La chapelle de Durren-*
» *berg* est uniquement située sur le territoire de mon gra-
» cieux Comte et Seigneur (Linanges-Hartenbourg, en suite
» du partage de 1613), quoique la chapelle soit au par-
» tage entre les deux Seigneurs.

» *Les autres fois*, Messeigneurs en ont recueilli l'au-
» mône qui a été annuellement posée au tronc, le jour de
» *la saint Marc*, partagée entre iceux, et servait à maintenir
» la chapelle en suffisant état; mais cette aumône a été cédée
» à un prêtre de Valscheid, à condition qu'il tiendrait la
» chapelle en tous ses ornements et ce qui y est relatif, y
» compris encore le chœur, fenêtres, murs et portes, de
» tout temps en bon et suffisant état. »

La même notice continue en disant « que *le Marguillier*
» *de Durrenberg* avait payé le cens de corvée jusqu'en 1624
» et que pour ce fait il fut considéré comme simple sujet,
» mais que cependant il y eut déport le 11 Juillet même
» année. »

Il résulte évidemment de cette notice, 1° que la chapelle n'était pas dédiée à saint Léon, puisque le pélerinage n'avait lieu qu'à la saint Marc, et non le jour de saint Léon; 2° qu'en 1624 elle s'appelait tout simplement la chapelle de *Durrenberg*, nom de la montagne; 3° qu'en 1624 ni en 1671, il n'était pas question d'un château; 4° que cette chapelle n'a pas été incendiée dans le milieu du XVIe siècle puisqu'elle existait en 1671, d'où résulte qu'elle n'aura été détruite que par la guerre de 1679, qui a détruit Dabo; 5° qu'aucun souvenir de château n'était attaché à cette montagne, car la notice en aurait parlé; 6° qu'enfin il y avait une simple habitation contiguë à la chapelle, mais que cette habitation ne servait qu'au marguillier gardien de cette chapelle; 7° qu'en tout cela il n'était pas question *de saint Léon.*

Dans ses *Recherches archéologiques et historiques sur le Comté de Dabo* (1836), M. de Beaulieu a spécialement et savamment traité des monuments celtiques, triboques romains et du moyen âge que renferme ce pays ; il en a donné la description.

Je ne m'en suis pas occupé ; j'ai voulu faire connaître simplement l'ensemble de cette contrée.

Si j'ai dit quelque chose de son histoire, ce n'a été que sommairement et pour relier les temps actuels aux temps des anciens Seigneurs qui le gouvernaient.

J'ai voulu particulièrement faire connaître la vie de l'habitant, ses moyens de subsistance, montrer par l'état des choses même, qu'ils ne peuvent pas s'augmenter si le Pouvoir n'y porte un regard bienveillant et secourable.

C'est aussi dans le propre intérêt des habitants que j'ai rappelé en quoi consistent leurs droits dans les forêts, ainsi que les décisions judiciaires qui ont fixé l'interprétation du titre constitutif de ces droits, afin qu'ils ne s'en écartent pas et restent dans leurs limites ; je crois leur être utile sous ce rapport.

BIBLIOTHÈQUE NATIONALE R.F. IMPRIMÉS

FIN.

A Sarrebourg, de l'Imprimerie de GABRIEL fils.

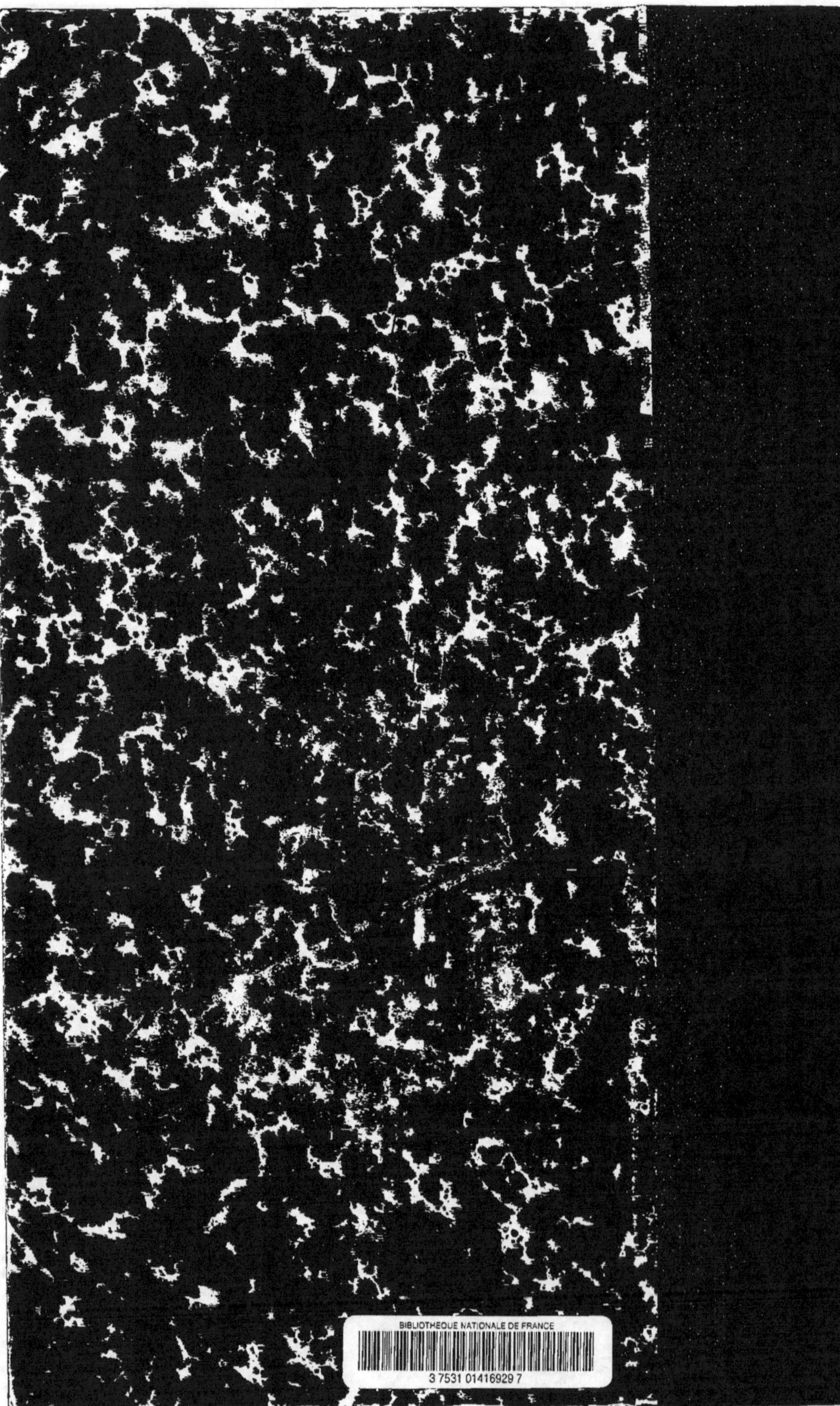
BIBLIOTHEQUE NATIONALE DE FRANCE
3 7531 01416929 7

www.ingramcontent.com/pod-product-compliance
Lightning Source LLC
LaVergne TN
LVHW020447230826
846091LV00004B/1587